揭秘学习源动力

启航吧 知识号

格林图书 编绘

北京理工大学出版社
BEIJING INSTITUTE OF TECHNOLOGY PRESS

版权专有　侵权必究

图书在版编目(CIP)数据

揭秘学习源动力 / 格林图书编绘. -- 北京：北京理工大学出版社, 2024.9
(启航吧知识号)
ISBN 978-7-5763-4383-0

Ⅰ. G442-49

中国国家版本馆CIP数据核字第2024TX0456号

责任编辑：王琪美　　文案编辑：王琪美
责任校对：刘亚男　　责任印制：王美丽

出版发行 / 北京理工大学出版社有限责任公司
社　　址 / 北京市丰台区四合庄路6号
邮　　编 / 100070
电　　话 / （010）82563891（童书售后服务热线）
网　　址 / http：//www.bitpress.com.cn

版 印 次 / 2024年9月第1版第1次印刷
印　　刷 / 北京尚唐印刷包装有限公司
开　　本 / 710mm×1000mm　1/16
印　　张 / 10.5
字　　数 / 100千字
定　　价 / 38.00元

图书出现印装质量问题，请拨打售后服务热线，本社负责调换

智慧的光芒，照耀人生之路

成功，对于现代人而言，已不再局限于物质财富和社会地位，更体现为内心的成就感和价值实现。像爱因斯坦、巴菲特、孔子那样的人，他们之所以被后人铭记和敬仰，除了在专业领域有着卓越的成就外，更重要的是他们所展现的智慧、思想和品格。那么，如何成为像他们那样的人呢？

成功的道路上，自我意识、自我控制、自我激励、自我反省和自我和谐等因素起着至关重要的作用。

首先，培养自我意识是成功的基石。只有对自己有一个清晰的认知，才能找准方向，更好地规划和实现人生目标。

其次，自我控制是成功的关键。尤其在面对挑战和困难时，不被外界侵扰，始终保持自我。

自我反省是不断优化自己，迈向成功之巅的重要支撑。

自我和谐是成功的源泉。保持身心健康，才能更好地维护内外和谐。

最后，自我激励是发自内心想要成功的动力。也就是人们常说的"自己给自己加油"。自我激励能激发内在的动力和热情。设立明确的目标和奖励机制，保持积极的心态和态度，时刻激励自己向着目标努力奋斗，不断超越自我，追求更高更远的目标。

这五种自我效能可以更好地保持长期学习的动力。通过追求梦想、具备智慧、塑造品格和格局、不断奋斗和追求卓越，现代人也可以成为像爱因斯坦、巴菲特、孔子那样的人，在思想、成就和品格上实现自己的价值，成就现代成功之路！让我们怀揣梦想、展现智慧、涵养品格、奋力前行，书写属于自己的成功篇章！

序言
给孩子梦想起飞的翅膀

世界上每一只小鸟都要翱翔于蓝天，世界上每一个孩子都有属于自己的梦想。

每一个孩子都是与众不同的，每个孩子都是梦想家。在他们成长的过程中，梦想可能会折翼、会被误导，所以孩子们萌发的梦想更需要被细心呵护，需要被温柔地鼓励和引导。因此，一套好的成长之书，在孩子们的成长道路上扮演着重要的角色，发挥着潜移默化的作用。《启航吧，知识号：揭秘学习源动力》正是这样一套送给孩子的梦想之书。

这是一套给孩子带来正能量的、守候孩子梦想的书。在这里，孩子们会看到古今中外的大文学家、大艺术家、大军事家和大政治家们的故事，他们身上的坚强、勇敢、奋进的意志品格，是孩子们得以学习的榜样力量；他们身上的由于时代带来的局限，也是孩子们得以不断深入思考的问题。

这是一套给孩子的有温度的、引人思考的梦想之书。

理想不是冷冰冰的灌输和说教,在这里,孩子们能看到的不仅仅是名人们各种令人羡慕的成就,更有他们在成就的道路上遇到的挫折、打击以及他们做出的努力、他们得到的和失去的……

这是一套给孩子的轻松的、风趣的"朋友"之书。在这里,没有板起脸来的长篇大论,在这个名人们的"展览馆"里,他们如同一些经历丰富的"大朋友",用他们的故事陪伴和启发着孩子们在追寻梦想的道路上前进。

心怀梦想的孩子更强大。守候孩子的梦想,就是守候我们的未来。愿这套书带给孩子们梦想起飞的翅膀,陪伴他们不断翱翔、快乐成长、实现梦想……

著名诗人、儿童文学作家 徐鲁

目录

第一章 自我控制 1

- 严以律己的诺贝尔奖获得者 居里夫人 2
- "铁榔头"是怎样炼成的 郎平 12
- 为国争光的冰雪女王 杨扬 20

第二章 自我意识 31

- 博学多才的大科学家 沈括 32
- 抗击倭寇、保家卫国的民族英雄 戚继光 42
- 爱思考、爱辩论的大哲学家 苏格拉底、柏拉图、亚里士多德 50
- "股神"的智慧锦囊 巴菲特 64
- 心中有爱的"发明者" 墨子 74

第三章 自我激励 83

- 一生追求真理的马克思　马克思　84
- 永不服输的篮球巨人　乔丹　94
- 坚强硬汉子　海明威　104

第四章 自我反省 117

- 盛世大唐的缔造者　唐太宗　118
- 常思考、常反省的伟大先贤　孔子　128

第五章 自我和谐 139

- 和谐有爱的理想主义者　卢梭　140
- 优雅温和的大画家　拉斐尔　146
- "自闭症小孩"的成材之路　爱因斯坦　152

你,准备好了吗?

第一章
自我控制

自我控制力，也称为自制力或自我调节，是个体有意识地指导自己的行为、情绪和思维，从而达到遵循内在的标准和外在的要求，实现长期目标和理想的能力。

它可以**帮助人们更好地管理压力，避免不健康的行为，提高工作效率，以及增强人际关系的质量**。自我控制力通常被认为是成功和个人福祉的关键因素之一。因此，学会有效管理和保持自我控制力是一个重要的生活技能。

培养儿童的自我控制力是一个渐进的过程，需要家长、教师和其他照顾者共同努力。

比如**设定清晰的目标、集中注意力、使用理性思考、在面对困难或挑战时保持坚持和不放弃**等。通过这些策略，儿童可以在成长过程中逐步学会更好地控制自己的情绪和行为，这对他们的成长和长期发展至关重要。

严以律己的诺贝尔奖获得者

居里夫人

一、居里夫人其人

居里夫人（1867—1934）出生于波兰一个普通家庭，全名玛丽亚·斯克沃多夫斯卡·居里，青年时期来到法国读大学，研究放射性现象。

因为发现了镭和钋两种放射性元素以及分离出纯的金属镭，居里夫人于1903年和1911年分别获得诺贝尔物理学奖和诺贝尔化学奖，是世界上第一位两度获得诺贝尔奖的人，也是第一位获得诺贝尔奖的女性。

大家好，我是居里夫人。获得奖项不重要，科学发现才是最重要的。

居里夫人为科学做出了巨大的贡献，她的人格也一样伟大！

居里夫人的实验教室

提到居里夫人,人们就会想到她发现了两种放射性元素。那么放射性元素到底是什么呢?

我们的世界多姿多彩,不过它是由无数微小的粒子组成的。然而这个世界上并不是只有一种粒子,这些粒子也有各自不同的性格。大部分粒子比较沉稳,而有些粒子则比较活泼,它们似乎有着无穷的精力,无时无刻不在变化,一边变化,还一边大声叫喊。虽然我们无法听到这些"叫喊",但是科学家可以探测到,这就是射线。

在各种科学仪器还不完善,甚至人们都不确定世界上的放射性元素是一种还是多种的时候,想要确定自己发现了一种新的放射性元素是一件非常困难的事情。第一个发现天然放射性元素的人是名叫贝克勒尔的法国物理学家,他发现的就是大名鼎鼎的铀。

居里夫人和丈夫从几十吨矿渣里面才提炼出0.1克氯化镭!

居里夫人在研究铀的放射性的时候,觉得应该找个新名词给它归类,也方便大家称呼这一类特性。因为它们在没有任何外界刺激的情况下也能向外部放出射线和能量,不如就把这种特性叫作"放射性",而有放射性的元素就叫作"放射性元素"。后来,她又相继在其他几种元素中验证出放射性,再后来她和丈夫一起发现了比铀的放射性强得多的新元素钋和镭。

二、居里夫人的成功课堂

1 只有专心致志、坚定不移才能实现自己的目标

居里夫人从小就是个非常专心的人,对于学习非常投入。不管在任何环境里都能专心致志,不为外界环境影响。

居里夫人酷爱科学,中学毕业的时候就憧憬着能够去大学继续自己喜爱的科学研究。但在那个年代,波兰的女孩子是不允许上大学的,想上大学只能去国外。但她家境贫困,根本没钱出国,于是定下了目标,去找了一份家教的工作,不但帮姐姐去巴黎念书,她还用六年的时间给自己攒了一份学费!就这样,二十四岁的她终于进入了巴黎大学理学院。由于勤奋好学,她在大学毕业之前就拿到了物理和数学双学士的学位证书。毕业成绩也是全年级第一名。

居里夫人

居里夫人的目标一个接一个地实现了,这一次,她的目标就是发现新的放射性元素。那个时候,谁也不知道新元素到底是什么东西,只知道它存在于沥青铀矿里,只要能够把这里面所有的已知元素和铀去掉,提炼剩下的肯定就是新元素了!

沥青铀矿是非常昂贵的矿物,夫妻俩根本买不起,但这也无法打击他们对研究的热忱。于是居里夫妇将目标转向了便宜的矿渣。就这样,他们拿到了第一吨提炼用的矿渣,开始在简陋的实验室里提炼。

即使是在这个冬天冷,夏天热,充满奇怪味道的实验室里,从成吨的矿渣中提取出含量只有百万分之一的微量物质,他们仍然觉得离新发现越来越近了!第二年,居里夫人得到了人生中的第一个诺贝尔奖。

> 好冷啊……

> 她到底在干什么啊?

> 天哪,好难闻!

> 这是什么味道!我要中毒了!

居里夫人的人生就是不停地给自己设立目标,然后不停地朝着那个目标前进,前进!

2 遇到事情一定要追根求源，这样才能找到正确的答案

居里夫人在开始研究放射性物质之前，一直在烦恼自己博士的研究方向。就在她举棋不定的时候，法国物理学家贝克勒尔先生的一篇报告吸引了她的注意力。这篇报告中提到的特性和X射线相似，但是又不需要外力激发就可以自动发射的射线和能量，让她一下子找到了研究的方向：放射性物质。

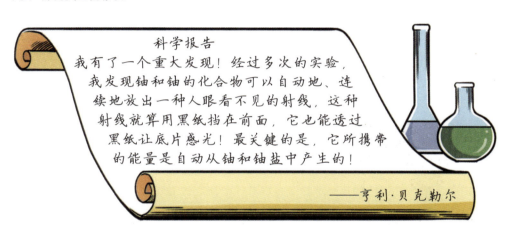

科学报告

我有了一个重大发现！经过多次的实验，我发现铀和铀的化合物可以自动地、连续地放出一种人眼看不见的射线，这种射线就算用黑纸挡在前面，它也能透过黑纸让底片感光！最关键的是，它所携带的能量是自动从铀和铀盐中产生的！

——亨利·贝克勒尔

虽然放射现象并不是居里夫人首先发现的，但她却是唯一一个凭借着强大的耐心和恒心从中发现新放射性元素的人。即使在这个研究过程中不断失败，她依旧坚定自己的研究方向和结果，反复实验，不停朝着问题的答案前进，才获得了成功。

> 正是靠着这一个又一个为什么，我才最终找到了新的放射性元素钋。

居里夫人

3 机会只会留给善于发现的人

钋和镭的发现可以说是一种必然，不过它们的发现也有着非常大的偶然性。居里夫人在研究铀盐矿石的时候就想过，铀可以发射射线，那别的元素呢？反正也没人进行过验证，自己就来找找看还有没有可以发出射线的元素吧。

当她把所有当时已经发现的元素进行了测定，结果很快发现另外几种元素也能自动发出射线，而且它们发出的射线和铀的射线相似。

随后，她又开始为这个放射性物质大家族寻找新成员，于是日没夜地开始了测量、记录，还要随时关注放射强度的变化。有一天，在测试一块沥青铀矿的时候她发现，这块矿石发出的放射性比用来做对比的铀要强得多！通过一系列测算，他们终于确定，这些沥青矿物中含有人类还不知道的，比铀和钍的放射性强得多的新元素，并且不是一种，是两种！这也就是她后来发现的钋和镭。

天哪！看我发现了什么！

4 不要因为外界的错误影响就放弃做正确的事

这个世界有时候会陷入纷争，甚至有大批的人因此失去生命，这就是战争。

居里夫人不喜欢战争，但她也不会逃避。特别是当战争发生在自己国家时，她更要为它出一份力。她的研究是可以救人命的！

第一次世界大战刚开始的时候，法国政府大概从来没想过 X 射线这种"高科技"的东西可以用在战场上。在战场上，士兵经常会被子弹、炸弹等弄伤，而且这些可恶的金属片还会残留在体内，如果不尽快弄出来，士兵们轻则残废，重则死亡。

居里夫人

而使用射线则可以很快找到这些金属片。于是居里夫人向军方提出了一个建议：
只要能在战场上配备几台流动 X 射线车，就可以大幅提高医生们的工作效率。

军方给了她一个放射科主任的头衔，但却无法获得需要的资源。然而，战争已经打响，既然得不到政府的资助，那就自己"拉赞助"！于是她在自学了 X 射线的使用方法后，组建了车队，并且为了节省时间，还学习开车以及车辆修理！就这样，居里夫人创办了第一个战地放射中心，还培训了大约 150 名护士，带领她们在战争期间挽救了很多士兵的生命。

虽然在战场上的几年，居里夫人完全没有时间进行科学研究，但她的努力让法国政府意识到了 X 射线在战场上的重要性。她救助过的士兵更是真正让她骄傲的人生奖章！

居里夫人的自我控制培养

① 从小设立坚定的目标，为了达成目标而努力，不论身处任何环境都永不放弃。

② 培养强大的专注力，不受外界环境影响，严以律己，养成良好的生活和学习习惯。

③ 磨炼心智，形成强大的自我控制力和自我约束力。

④ 具有高远的抱负和积极的进取心，成就大爱和智慧，进而更加刻苦、努力地向前。

"铁榔头"是怎样炼成的

郎 平

一、郎平其人

郎平，前中国女排队员，奥运冠军，曾任中国女排总教练。球员时代被称为"铁榔头"，曾是世界女排第一主攻手。教练员时期带领中国女排取得奥运会冠军、世界杯冠军等。2015年，当选"感动中国十大人物"。

女排精神

"女排精神不是赢得冠军，而是有时候知道不会赢，也会竭尽全力。"

"其实女排精神一直都在。不要因为胜利就谈女排精神，也要看到我们努力的过程。单靠精神不能赢球，还必须技术过硬。"

排球得分规则科普

在 1998 年以前,排球采用的是发球得分制。也就是说,比赛双方只有在自己拥有发球权并取得胜利时才能得分,否则只能获得发球权。这导致排球比赛的时间通常非常长,有时候一场比赛甚至会持续三四个小时。

从 1998 年 10 月 28 日起,排球比赛开始实行每球得分制。也就是说,不管发球权在哪队手里,取得了这一球的胜利,就可以得分。

排球场上的小知识

球员位置

在球场上，一支球队的六名球员，通常可以担任三种角色：
攻手（包括主攻手和副攻手）；
二传手；
自由人。

自由人

在球场上，穿着与同队队员明显不一样球衣的球员叫作"自由人"。这个角色是1996年设置的。排球比赛规则规定，"自由人"不得参与扣球、拦网和发球，主要负责球队后排的防守。因为要求更加灵活敏捷，"自由人"的身高通常比其他队员矮。一支球队可以没有自由人，最多可以登记两名自由人球员，比赛时只能有三名"自由人"出现在场上，"自由人"的替换次数不计入普通球员的替换次数。

击球部位

在人们的印象中，排球是用手击球的，但其实相关规则规定，球员可以用身体的任何部位触球，只是不能让球在身体上停留，出现持球的情况，如用手接住或者投掷。在紧急情况下，大家甚至可以看到球员用脚救球的场面。

击球次数

在每一回合里，每一方最多只能触球三次，且不允许同一个人连续两次触球。同时，不允许身体超出中线的范围，更不能在球尚未过网时击球。

第一章 自我控制

二、"铁榔头"到"金教头"的进取之路

1 从小刻苦训练为体育事业打下坚实基础

郎平小时候非常顽皮，经常和同龄的男孩子比赛爬树，从不落下风。她的父亲是一个体育迷，经常带她观看各种比赛，于是她对排球产生了兴趣。因为身体素质好，13岁那年，被体校选中，开始接受排球训练。

专业的排球训练非常辛苦，但是郎平心中一直有一个不服输的声音在督促着自己，就算每天练得筋疲力尽、全身酸痛，她也不会叫苦。每一个动作，每天她都要练成百上千次。因为训练得太勤奋，几乎每个月都会穿坏一双运动鞋。在这样日复一日的艰苦训练下，她的球技越来越强，而高位拦网技术和力大无比的扣球成了她的强项。

我的女儿如此与众不同，可以好好培养！

2 十亿人的期许，既是压力更是动力

1978年，郎平被选入中国女排国家队，拥有了代表国家争夺荣誉的机会，并逐渐成了中国女排的核心人物。极佳的身体素质让她可以高质量地完成技术动作，还凭借擅长的网前扣杀赢得了**"铁榔头"**的称号。

1981年，是郎平梦想起飞的开始，她和中国女排一起夺得了排球世界杯冠军。从那之后，中国女排连续夺得了5次世界大赛的冠军，包括1984年洛杉矶奥运会的女排金牌，成了历史上第一个获得"五连冠"的队伍。五星红旗一次次升起、国歌一次次奏响的场景让中华儿女热血沸腾。她和队友们展现出的顽强奋斗的"女排精神"，更是让中国女排成了全民偶像，数不清的贺信和纪念品飞到她们手中，海报贴满了大街小巷。

十亿人的期许既是压力，也是动力。她们落后过，也输过球，但永不言败的精神让她们一路向前，创造了中国女排的辉煌时代。

3 从零开始，退役后的学习之路

在 26 岁时，郎平选择了退役。因为扣球多、扣球狠、起跳多的比赛风格，她的膝盖已经不堪重负。退役后，她为自己规划了一条不同于常规运动员的道路。"世界冠军"只是过去，她要重新学习本领，从"一无所有"开始重新生活。她自费前往美国留学，考上了新墨西哥大学体育管理专业的研究生。

4 不断地自我磨炼，永不放弃的中国排球梦

1995 年，当中国女排陷入低谷时，她选择了回国接手中国女排主教练的职位。

1995 年—1998 年，中国女排两次闯入了国际大赛决赛，高强度的工作和一身的病痛，让她的膝盖的磨损程度已经和 70 岁的老人差不多，难以胜任女排主帅这个职位，于是只好辞职。

2013年,郎平再次回到中国,重新执教中国女排。

有了在国外长期学习的经验,她执教时非常讲究使用科学的方法,既看重球员个人能力的提升,也要求团队成员间的密切配合。2015年,郎平率领中国国家女子排球队夺得了女排世界杯的冠军,这是她执教生涯中获得的第一个大赛冠军。在2016年的里约热内卢奥运会上,郎平终于和队员们一起夺得了梦寐以求的奥运金牌。新的挑战不断到来,中国女排的故事还没有结束,未来如何展开,大家都充满期待!

郎平的自我控制力培养

1. 热爱体育锻炼,训练坚强的体魄,磨炼强劲的意志。

2. 设立高远志向,努力向前,不受外界侵扰,积极进取。

3. 具有宏大的理想,不畏困难,自我管控,为实现目标而奋斗。

4. 严以律己,提高对自己的要求,不断提升个人能力。

为国争光的冰雪女王

杨扬

一、杨扬其人

杨扬（1975年8月24日—），前中国短道速滑运动员，中国首位冬奥会金牌获得者，2006年退役，担任2022年北京冬奥会和冬残奥会运动员委员会主席。

"冰雪女王"的荣耀

杨扬整个运动生涯一共获得了59个世界冠军。

- 2002年，夺得美国盐湖城冬奥会女子短道速滑500米比赛和1000米比赛的金牌，是中国第一位冬奥会冠军。

- 1997年到2002年，在世界短道速滑锦标赛实现了女子个人全能项目的六连冠，是历史上获此佳绩的第一人。同时，在这六届比赛中，杨扬每届都拿下了1000米比赛的冠军，在1500米比赛中也连续四年排名世界第一。

- 1999年，当选为国际滑联运动员委员会委员。

- 2006年，成为国际奥委会妇女与体育工作委员会委员。

- 2010年，当选为国际奥委会委员。

- 2022年北京冬奥会和冬残奥会上，担任运动员委员会主席。

短道速滑小知识

短道速滑的全称是短跑道速度滑冰，属于冬季奥林匹克运动会的项目。这个项目起源于加拿大，开始于19世纪80年代。

场地

短道速滑的比赛场地面积为30米×60米，每圈跑道的长度是111.12米，其中直线跑道的宽度不能小于7米。

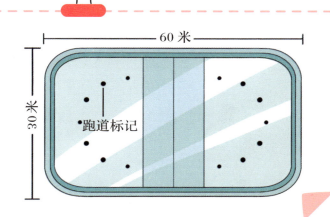

站位

既然跑道有7米宽，跑内道的选手肯定占有优势，那么选手们起跑时的站位是怎样决定的呢？在预赛时，选手们的站位一般通过抽签来决定。之后的次赛、半决赛和决赛，按照上一轮的比赛成绩决定选手的站位，成绩好的选手起跑时可以站在内道。当比赛开始后，在不犯规的情况下，外道的选手可以来到内道，选手之间也可以随时互相超越。

犯规

短道速滑比赛的赛道短，比赛选手多，选手们的速度快，所以允许一定程度上的身体接触。但是，在比赛过程中，阻挡、恶意推拉、冲撞对手、脱离跑道、降低速度都是犯规行为，犯规的选手将无法进入下一轮比赛，也可能被取消比赛成绩。

二、努力要强的运动员，坚持奋进的冰雪事业

1 不服输的"冰上精灵"

杨扬出生在中国北方的黑龙江省，和很多北方孩子一样，从记事起，她就开始玩雪和滑冰。虽然没有接受过正规训练，她对滑冰却有种"无师自通"的灵感和天赋。一个偶然的机会，杨扬被当地业余体校的教练发现，开始正式接受专业训练，专攻短道速滑。但由于接受训练的时间比较晚，基本功也不扎实，她在队里成绩甚至排在倒数。

可她从小就不是一个胆小懦弱、轻易服输的孩子，每天的常规训练结束后，她还会给自己加量训练。教练也对她严格要求。就这样，她的水平开始追上并慢慢超过队友。

1991年，15岁的她拿到了第一个全国冠军。1992年，代表家乡参加全国短道速滑锦标赛，拿下了1500米和3000米两个比赛项目的金牌。

2 化悲痛为力量

就在杨扬成绩一天天好起来时,她最敬爱的父亲因为一场车祸不幸去世。这给她带来沉重的打击,每天晚上都难以入睡。也因此体质下降,训练的效果大打折扣。在后来举行的冬奥会选拔赛上,她由于发挥失常,遗憾错过参加冬奥会的机会。

父亲的离开让原本并不富裕的家庭雪上加霜,为了养育年幼的妹妹,还要保证杨扬的训练不受影响,妈妈一个人担起所有的负担。看着母亲辛劳的身影,杨扬整理好思绪,将对父亲的思念、内心的痛苦都化作训练的动力,状态开始一天天恢复。

1995年,她进入国家队。1996年冬季亚运会的比赛地点正好是她的家乡黑龙江,她在家乡父老面前为国出战。在韩国队的传统强项1500米短道速滑中,杨扬作为"新人"击败了还包括奥运会和世锦赛的冠军,以及世界纪录的保持者在内的4名韩国队顶尖选手,一举夺冠!

杨扬

3 坚持不懈，成功夺冠

取得亚冬会冠军后，杨扬的目标是在世界赛场上为国家争夺更高的荣誉。

1997年，在日本举行的世界短道速滑锦标赛上，她轻松拿下了500米的冠军。但她并没有太激动。她将目光瞄向了本届比赛中分量最重的金牌——有"王冠上的明珠"之称的个人全能冠军。全能冠军是指在三个以上单项夺得第一，或者所有项目中积分最高的选手。经过两天的比赛，杨扬在全能积分上排名第二。如果她能在最后一场1000米比赛中获胜，就有希望成为第一个夺得个人全能世界冠军头衔的中国选手。

于是在1000米决赛中，杨扬遇到了当时最大的对手韩国名将权利卿，她和她的韩国队友利用人数上的优势，采取配合战术来压制杨扬的速度。想要战胜她们，既要靠体能和速度，也要靠战术和意志力，斗智斗勇才有取胜的机会。

比赛一开始，杨扬和两位韩国选手就交替领先，互不相让，争夺有利位置。她们心里都知道，拼到比赛的最后一刻，才是决定胜负的关键时刻。

眼看只剩下最后一个弯道，胜败在此一举！就在这时，杨扬注意到权利卿在过弯时内侧留出一点小小的空档。说时迟那时快，她立刻加速，在靠近权利卿的瞬间突然改变了前进路线，出其不意地从她的内侧完成超越。等她们反应过来，已经开始全力冲刺了，并以几厘米的微弱优势率先冲过了终点线。

凭借这场比赛，杨扬不仅夺得1000米冠军，还与权利卿并列获得全能比赛的冠军，成为我国短道速滑历史上第一个全能世界冠军。

4 冬奥赛场上"零的突破",未完待续的"冰雪人生"

在拿下世界锦标赛的冠军后,一个更宏伟的目标摆在了杨扬的面前:在冬季奥林匹克运动会上,为中国队实现"零的突破"。

1998 年的长野冬奥会,是她的第一次机会。不过,这一届奥运会中杨扬的状态并不好。在 500 米比赛中,她先是起跑不利,又在最后冲刺时被判阻挡犯规。而在 1000 米比赛中,尽管在 1/4 决赛中发挥良好,还打破了世界纪录,但在最后决赛赛场上却再次被判犯规,与金牌失之交臂。而其他项目的队友们虽然非常努力,却都无功而返。要实现为国夺金的梦想,只能等到 4 年后。

在接下来的时间里，她更加刻苦地训练，还完成了世锦赛的全能四连冠。这时的杨扬，早已进入世界顶尖选手的行列。要想成为短道速滑赛场上真正的霸主，就必须在冬奥会上有所作为。

2002 年，杨扬再次站到了冬奥会的赛场上。这一次，对于不再年轻的她来说，很可能就是最后的机会。正是抱着已无退路的决心，走上了赛道。在 500 米短道速滑比赛中，她连续三轮都以第一名的成绩晋级。在决赛中，不负众望，率先冲过终点线。

比赛结束后，杨扬披上国旗，绕场滑行，尽情庆祝这来之不易的胜利。这一刻，全国的冰雪运动爱好者们欢欣鼓舞，中国队终于告别了多年的等待，实现了冬奥会金牌"零的突破"。

2022 年北京冬奥会

　　2022 年北京冬季奥运会，是中国历史上首次举办的冬奥会，由北京市和张家口市联合举办。北京成为第一个既举办过夏季奥运会又举办过冬季奥运会的城市。

国家速滑馆

杨扬

有了这次突破，杨扬的比赛状态渐入佳境。在接下来的1000米比赛中，再接再厉，又夺1枚金牌，和队友一起站上领奖台。在为国家赢得荣誉的同时，她也登上了个人职业生涯的巅峰。

退役之后的杨扬仍放不下热爱的赛场，一直在从事冰雪项目的推广和宣传工作。曾做过短道速滑比赛直播的解说工作，她充满激情的解说令人印象深刻。2010年，她成为中国第一个以运动员身份当选的国际奥委会委员。

2022年的冬奥会和冬残奥会，杨扬以运动员委员会主席的身份，为祖国冰雪运动的发展继续贡献力量。

杨扬的自我控制力培养

1 不服输的性格，坚强的意志力，不惧任何困难，迎难而上。

2 强大的自我控制能力，努力进行自我消化，化消极为积极。

3 多学习、多思考，培养灵活机变的头脑，面对各种挑战都能迅速适应。

4 不断积极进取，不轻言放弃，成就更强大的自我。

第二章
自我意识

自我意识也称自我,指的是个体对自己的各种身心状态的认识、体验和愿望。

它包括对自身机体及其状态的意识,对肢体活动状态的意识,对思维、情感、意志等心理活动的意识。

它具有目的性和能动性等特点,它对人格的形成、发展起着调节、监控和矫正的作用。

它包括**自我观念、自我知觉、自我评价、自我体验、自我监督和自我调节控制等**内容。

在生活中,培养孩子的自我意识,可以分几步,首先,**善于给孩子解释原因;结合规矩与爱;对孩子进行客观具体的评价;给孩子树立积极而又客观的期望**等。

自我意识是未来人生之路的基石,若发展得好,孩子就能成为自信、独立的个体。因此,建立客观积极的自我意识至关重要。

博学多才的大科学家

沈 括

一、沈括其人

在我国北宋时期，有一位博学多才、成就显著的科学家，沈括。

沈括（1031—1095），字存中，号梦溪丈人。他生活在北宋时期，出生在杭州钱塘，精通天文学、数学、物理学、化学、地质学、气象学、地理学、农学和医学。晚年时，他以平生研究，结合前代的科学成就，在镇江梦溪园撰写了笔记体巨著《梦溪笔谈》。

沈括功绩

- 花了十二年，他绘制出当时最精确的全国地图——《天下郡国图》。
- 历史上第一个发明"隙积术"的人。
- 为官期间兴修水利、制作地图、修订历法等。
- 不仅在科学研究上取得了辉煌的成绩，也为保卫北宋的疆土做出了重要贡献。

沈括

沈括科学成就一览

天文学

提出了一种新的历法,与我们今天使用的公历类似。

物理学

记录了指南针原理及多种制作法。

《梦溪笔谈》中写道:"然常微偏东,不全南也。"也就是说,指南针的指示一般会稍微偏向东边,并不是完全的南方。这是世界上关于地磁偏角的最早发现记录。而这一记录比欧洲的哥伦布于1492年的发现早了400多年。

数学

从实际需要出发,创立了会圆术和隙积术。

地理

跑遍了宋朝的每一个角落,绘制出《天下郡国图》。

医学

配制了很多新的药方,编撰了医书《良方》。

记录发明创造

毕昇发明的活字印刷术、金属冶炼的方法等,也都做了详细记录。

《梦溪笔谈》一共分30卷,其中《笔谈》26卷、《补笔谈》3卷、《续笔谈》1卷,包括了天文、历法、数学、物理、化学、生物、地理、地质、军事、医学、文学、史学、考古、音乐、艺术等各个方面。这本书不仅是我国的学术宝库,也在世界文化史上占有非常重要的地位。

沈括

二、沈括的学习之道

1 勤学好问，保持独立的思考能力

沈括从小酷爱读书，少年时代又跟随做地方官的父亲走南闯北，增长了各种学识和见闻。他对一切都充满了好奇心，看到什么都忍不住在思考后提问。

一天，他在书房里看书，注意到白居易的《大林寺桃花》一诗中有一句话是：人间四月芳菲尽，山寺桃花始盛开……

四月已经芳菲尽了，那为什么山上寺庙里的桃花却刚刚开放呢？白居易为了写诗不顾常识，真是太没有科学精神了！

我明白了！原来是山上地势高、温度低，所以花开得晚，谢得也晚啦。这不是白居易不顾常识，而是由气候条件决定的！

感叹了一番之后，就接着去看书了。过了一段时间，他和几个同伴一起去山上游玩，发现了一片盛开的桃花。要知道，这会儿山下的桃花早就凋谢了！这时，一阵冷风吹来，他突然想起了白居易的那首诗！回到家后，立即把这个结论和发现的过程记录了下来。

36

这件事让沈括对气象学产生了浓厚的兴趣，开始阅读有关书籍，注意气象的变化。从此沈括也养成了常提问、勤思考，不囿于已有的结论，积极进行独立思考的科研精神。

2 看问题仔细，才能得出正确的见解

有一次，沈括和一群朋友到开封相国寺游览，相国寺里有一幅壁画，上面画着一个管弦乐队在演奏。有一个人认为画家画错了，他觉得弹琵琶的手指不该停留在下弦的位置，应该停在上弦。可沈括认为，弦乐跟管乐不同，演奏管乐时，手指头按住孔洞的同时发音，演奏琵琶时，只有当手指拨弦之后，才会发音，动作早于声音。只有这样才能保证乐曲的和谐。所以，这个画家很厉害，不但绘画高明，还有很高的音乐造诣。

沈括

3 科学是严肃的，来不得半点虚假

沈括曾被提拔到司天台做了司天监，这个职位是负责观测天象的。而司天监的职责就是每天按时观测天象，然后与皇宫内的天文院观测结果进行对照。

上任后，他发现很多工作人员不懂观测，就按照历法去算一算，然后把结果上报，欺瞒朝廷。于是，他申请改进仪器，修订新的历法。司天台在沈括的整顿下风气越来越好。研究科学需要耐心，更来不得半点虚假，不然就不会成功。

4 投入和专注，认真研究总会有收获的

沈括痴迷研究科学，经常会给身边人造成误会。他的房间里摆满了酒具，同僚一度认为他是个酒鬼。实际上他只是用它们来"搭积木"。

原来，如果把近似圆形的酒坛堆起来，为了稳固，每一层的数量会越来越少，看上去四个侧面都是斜的，中间会形成空隙，这在数学上称为"隙积"。而能够计算出这些中间有空隙的堆积物的数量的方法就叫作"隙积术"。上司听了他的解释之后，赞赏有加，决定把女儿嫁给沈括。

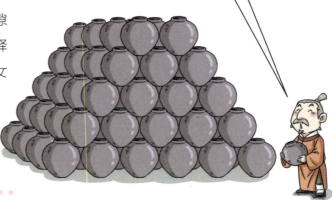

隙积术就是计算出这些中间有空隙的堆积物的数量的方法。毕竟堆得多了光靠肉眼太难数了。

很多人可能不知道,"石油"这个词就是沈括发明的。当他在前线抵抗西夏军队时,发现那里经常从地下涌出一种清亮的油脂,当地居民用野鸡毛把这些油蘸起来收集在罐子里,用它烧火做饭、点灯和取暖,而这些油脂燃烧后形成的油烟可以用来制墨。于是,他给这种油取了名字,叫作"石油"。沈括不仅发现了石油,并且预言石油以后一定大有用处。事实证明,石油确实已经成为现代人生活中不可缺少的一部分了。

沈括的自我意识培养

① 勤学好问,保持独立的思考能力,提升个人支配能力。

② 严谨的治学精神,反复验证,不惧困难,形成个人独立意识。

③ 全身心地投入研究,提升专注程度,造就更强大的自我。

④ 对一切充满好奇心,喜欢观察一切事物,并将它们一点一滴转化成各种可用的知识。

第二章

41

抗击倭寇、保家卫国的民族英雄

戚继光

一、戚继光其人

戚继光（1528—1588），汉族，山东登州人。字元敬，号南塘，晚号孟诸，卒谥武毅。明代著名军事家、抗倭将领。

其父戚景通担任过漕运官员，同时也是一名治军严明的高级将领。戚继光率军于浙、闽、粤沿海诸地抗击来犯倭寇，世人称其带领的军队为"戚家军"。历十余年，经大小八十余战，终于扫除倭寇之患，被誉为民族英雄。有多部军事著作及诗作传世，戚继光纪念馆现为福建省爱国教育基地。

超一流的戚家军和鸳鸯阵

第二章 自我意识

我国东南沿海,从宋朝开始就经常有日本海盗出现。到了明朝,倭寇更加猖狂,有时候朝廷不得不调集武艺高强的少林僧兵和勇猛剽悍的土司兵与倭寇作战,但是倭寇并不占领土地,而是抢了东西就跑,这让士兵们防不胜防。

一切直到戚继光的出现……

看我的吧!

戚继光

 戚继光

　　戚继光从浙江义乌群山之中招募勇敢的农民和彪悍的矿工共3000余人,采用营、官、哨、队四级编制编成新型军队。队是基本战斗单位,队员按年龄、体格分别配备不同的兵器,作战时,全队队员各用其所长,配合作战,攻守兼备,进退灵活。这种战斗队形能分能合,人称**"鸳鸯阵"**。经过戚继光的严格训练后,这支新军队伍很快成为军事劲旅,人称**"戚家军"**。

戚继光对士兵严加训练,带出了一支锐不可当的队伍。每当戚家军得胜归来时,老百姓都欢欣鼓舞,排着长队迎接他们。在打击倭寇的战斗中,有许许多多戚家军战士死在了远离他们家乡的地方,他们都是英雄!

第二章 自我意识

戚继光

二、自我约束与治军严谨

1 良好的家风是最重要的老师

戚继光出生在一个将军世家，他的父亲戚景通在大家眼里是个武功高强的大好人，所以，父亲是他最好的榜样。

戚景通

戚继光的名字也是其父所取，希望他能继承祖上的荣光并发扬光大。父亲从小对他的期望就很高，亲自教他读书写字、练习武艺，经常给他讲一些为人处世的道理。这让戚继光不仅获得行军打仗的真实学问，还养成了良好的品质，树立了高远的志向，为以后建功立业打下了基础。

戚继光从小就是个军事迷。所以，每当父亲给他讲起军事作战的话题时，就听得特别认真，有时候还能讨论几句。他六岁入学，九岁就自己制作一些军事小游戏，很多人都夸他聪明，觉得非常不可思议。

2 戚家军的武德风貌与练兵之法

在那个倭寇横行的时代，戚家军用一次又一次的胜利赢得了大家的赞扬。那么戚继光是如何建立这个威武之师的呢？

首先是武德风貌

· 纪律严明

戚家军最初以岳家军为榜样。每到一个地方，听到口令才休息，绝对不允许打扰平民。戚家军的纪律极其严明，有一次战斗中，倭寇为了逃命，丢下从老百姓那里抢来的许多金银财宝，企图诱惑他们。但戚家军没有一个人去捡，全都一心杀敌。

· 作风优良

戚继光刚调到蓟镇任职时，发现长城一线的驻军纪律松弛，作风很差，没有战斗力。为整顿军风军纪，他调原戚家军的一支部队北上，这支部队清晨到达蓟州，在郊外等待命令。那一天，寒风凛冽，大雨倾盆，淋了一上午的戚家军将士，依然队列整齐，丝毫不乱。戚家军的作风在当地驻军中传为佳话，也对当地驻军起到了榜样和激励作用。

· 官兵团结

官兵团结是戚家军的又一优良传统。在战场上，不管是一个人，还是一个小队被围困，只要是有自己人的地方，都要拼命去解救。

 戚继光

其次是练兵之法

一起来看看戚继光引以为傲的戚家军水师阵容!

最大的战船叫"**福船**",体积大,威力强,能够犁沉敌船,但不能在浅海中航行,无风时不可行驶。每船配备船工、水兵64人。

比福船稍小的"**海沧**"船,又名海苍、冬船,可以在水较浅的地方、风小时行驶,能犁沉敌船。每船配备船工、水兵51人。

最小的一种战船叫"**艟**",是戚继光改造浙江地方的一种渔船而成。船体小而灵活,可捞取敌人首级和战利品,每船配备船工、水兵37人。

另外还有两种哨船:一名"**开浪**";另一名"**网船**"。这两种船只能供联络、哨探之用,不能作战。

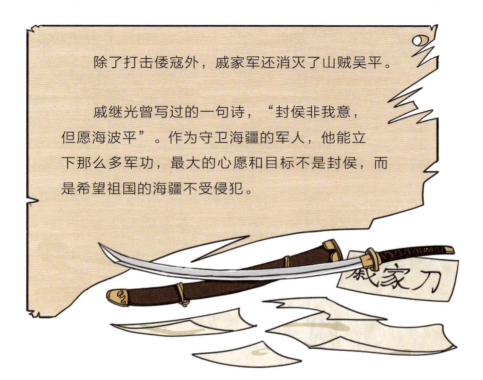

除了打击倭寇外,戚家军还消灭了山贼吴平。

戚继光曾写过的一句诗,"封侯非我意,但愿海波平"。作为守卫海疆的军人,他能立下那么多军功,最大的心愿和目标不是封侯,而是希望祖国的海疆不受侵犯。

戚继光的自我意识培养

❶ 良好的家庭教育要根据其兴趣爱好,有意地培养和发展特长。

❷ 从小明确兴趣和目标,沿着设定好的方向去努力。

❸ 严以律己,并且有着严明的态度和严谨的精神,努力发挥领袖才能。

❹ 具有高深的情操,积极发挥自身优势,为了高远的目标贡献自己的一生。

爱思考、爱辩论的大哲学家

苏格拉底、柏拉图、亚里士多德

一、苏格拉底其人

苏格拉底（公元前469—公元前399），古希腊著名的思想家、哲学家、教育家。他提倡对人类自我的研究，提出精神和物质的区分，还以辩证的方式深入研究事物的本质。苏格拉底毕生都在从事免费的教育工作，他的学生，以及学生的学生都成为西方思想史上赫赫有名的人物。

哲学界的偶像天团

师徒三人并称为"**希腊三贤**"，他们在思想上大有联系，又坚持各自的理念，做出了成绩。

Rapper师祖 苏格拉底

第二章 自我意识

苏格拉底出生于古希腊的雅典,他的爸爸是一名石匠,妈妈是助产士,这预示了他未来会成为一位思想上的"助产士"。

公元前449年,刚结束与波斯帝国战争的古希腊迎来了思想文化的开放时期,各地智者前来探访交流,进行自由辩论。苏格拉底喜欢在市场、运动场、街头等公众场合与人谈论问题。

苏格拉底、柏拉图、亚里士多德

他在36岁时见到了著名的智者普罗泰戈拉，就重要的社会人事和哲学问题进行了"讨论"；40岁时，他被认为是当时最有智慧的人；70岁时，他被指控蔑视神明、带坏青年和反对民主等并被判处死刑。

直到生命的最后一刻，他都还在谈论哲学问题。他没有留下任何著作，他的学生色诺芬和柏拉图记录了很多和他的对话，后人这才得以了解这位伟大的思想家。

苏格拉底的"伦理哲学"

在苏格拉底以前，希腊哲学主要研究"宇宙的本源是什么，世界是由什么构成"等自然哲学问题。而苏格拉底认为自然和宇宙都是多变的，不变、永恒的真理只能从自我中找到。所以他把研究的目光投向人类自身品质，以及人与人之间的关系等这些伦理问题，人们称之为**伦理哲学**。

什么是正义？什么是非正义？
什么是勇敢？什么是怯懦？
什么是诚实？什么是虚伪？
什么是智慧？
知识是怎样得来的？
什么是国家？
具有什么品质的人才能治理好国家？
治国人才应该如何培养？
……

因为研究内容发生了转变，人们说苏格拉底的研究使哲学"从天上回到了人间"，这可以说是整个西方哲学史研究内容的大转向。

在苏格拉底的思想体系中，知识＝道德，一切不道德的行为或者犯罪都源于无知。这种无知指的是心灵对于智慧、勇敢、节制和正义等美德的概念的混淆。他的思想在当时为哲学开辟了一条全新的道路。

门面担当 师父 柏拉图

柏拉图（公元前427—公元前347），是苏格拉底最有名的学生，和他的老师一样是古希腊伟大的哲学家，也是西方哲学乃至整个西方文化最伟大的哲学家和思想家之一。还是西方客观唯心主义的创始人。柏拉图是个不折不扣的帅哥，曾经参加过两届奥运会，并获得过两次格斗项目的冠军！

第二章 自我意识

公元前387年，柏拉图创办了阿卡德米学园，这是西方最早的高等学校之一。这所学校最与众不同的，就是设置了不少科学课程。柏拉图的学校培养出了很多优秀人才，当然，最有名的就是亚里士多德了。

苏格拉底、柏拉图、亚里士多德

柏拉图与《理想国》

柏拉图全面继承了苏格拉底的伦理思想体系，并把苏格拉底没明确说明的一部分内容进行了系统化、理论化的思考和定义，然后全部写进了《理想国》这本书中。

《理想国》共分10卷，以苏格拉底和别人的对话作为主要形式。这部"哲学大全"以理念论为基础，建立了一个系统的理想国家方案。它探讨了哲学、政治、伦理道德、教育、文艺等各方面的问题，可以说是当时希腊各门学科、社会文化的综合。

在《理想国》中，柏拉图认为一个好的国家应该具备智慧、勇敢、自制、正义这四种德行。其中智慧是指少数人才明白的治国道理，勇敢则是指保家卫国的卫士们，而自制则要求百姓们听统治者的话。若这三者都达成了，那么正义也就来到了。

为了能够培育出"有智慧的人",柏拉图设计了一套理想的教育课程。

《理想国》中论述了一整套极其理想化、阶级概念浓厚的治国方式和生活情况,由于书中柏拉图的理论是古希腊哲学第一个完整的、成熟的理论体系,这本书也成为反映西方政治思想传统的最具代表性的作品。

全能小弟子亚里士多德

公元前384年,亚里士多德出生于古希腊的斯塔吉拉一个富裕的家庭。17岁时进入了阿卡德米学园,在这里学习了二十年之久,直到柏拉图去世才离开。

苏格拉底、柏拉图、亚里士多德

亚里士多德的老师是柏拉图，而他自己也有一个赫赫有名的学生就是亚历山大大帝。

　　亚里士多德在雅典办了一所叫吕克昂的学校。他的教学方式是和学生们在林荫大道上一边散步一边讨论哲理，所以被人们称作"逍遥学派"。他的《诗学》是西方美学史上第一部最为系统的美学和艺术理论著作。

　　亚里士多德除了哲学、政治、社会，对生物、物理、教育等也有研究。

　　他被公认为世界古代史上最伟大的哲学家、科学家和教育家之一，而他的著作被称作是古代的百科全书。

引领多领域发展

哲学： 亚里士多德几乎对哲学中的每个学科都做出了贡献。

自然科学： 开创了物理学、气象学、行星天文学、生物学等许多现代自然科学的雏形，在之后的2000多年里，他对于自然、宇宙等的理解都在科学界占据着绝对的主流地位。他还提出了一些非常科学的研究方法，其中逻辑学的三段论至今仍是学术界的首选。

教育学： 亚里士多德提出的"教育应该由法律规定，这是国家的事业。忽视教育必然危及国本。""儿童教育应该按照年龄划分阶段"等思想都大大超越了他的时代。即使亚里士多德在很多问题上因为时代的局限有不少错误，也并不影响他对西方文化产生深刻的影响。

苏格拉底、柏拉图、亚里士多德

二、"哲学男团"用智慧改变社会

1 自我认知需要反复自我引导

苏格拉底回答问题的方式非常独特，主要分三步。

第一步：诘问

他会通过反复的提问，引导提问者自己得出明确的定义和概念，就像一个助产士一样帮助别人产生新思想。这种教学方法使人主动地去分析、思考问题，用辩证的方法证明真理是具体的，具有相对性，在一定条件下还可以向反面转化。这一认识论在欧洲思想史上具有巨大的意义。

第二步：定义

第三步：助产术

2 心怀梦想,把握现在

柏拉图曾记录过这样一个故事。一天,柏拉图问苏格拉底什么是爱情,苏格拉底没有直接回答他,而是带着他来到一块麦田前。

柏拉图一边往前走,一边挑挑拣拣……

最终,他垂头丧气地回到我面前……

柏拉图不仅回答了什么是爱情,也在讲解人生道理。**大家要树立远大的理想,然而追寻梦想时也要不失时机地把握眼前的"麦穗",否则就可能一事无成。**

3 吾爱吾师，吾更爱真理

亚里士多德很尊敬他的老师柏拉图，不过他更爱真理。他对于知识从来不盲从。

"理念"可以说是柏拉图最著名的观点了，他认为万事万物都有一个"理念"，这个"理念"就是脑子里的一个形象，而现实世界就是按这个形象画出来的一幅画。亚里士多德对这个观点直接提出了的质疑。

在《形而上学》中,亚里士多德希望大家在学习知识时不要害怕怀疑权威,因为这种怀疑不是无理由的反对,而是深思熟虑后解开"结"的过程。事实上,亚里士多德就是在解开柏拉图的"结"的基础上建立起自己的哲学观点的,从而将古希腊哲学推到繁荣的顶点,为人类文化作出了杰出贡献。

"哲学男团"的自我意识培养

① 勤学好问,不断钻研各种思想和理论,从中总结出属于自己的看法。

② 具有高度的科学精神,根据实际出真知,打破旧的、错误的认知和观念。

③ 严于律己,反复提问,不断质疑,力求让自己的学识和思想不断加强不断创新。

④ 极强的专注力,不被外界打扰,不盲从已有的言论,不畏惧权威,敢于提出个人看法。

⑤ 具有终生学习的精神,不耻下问、不吝赐教,始终保持谦虚谨慎的态度前行。

师徒三人行

　　苏格拉底、柏拉图和亚里士多德生活的时代为他们创作出丰富的哲学思想创造了良好的条件，他们又反过来用自己的哲学思想引领着后人一步步迈向未来。

"股神"的智慧锦囊

巴菲特

一、巴菲特其人

"股神"的名字叫沃伦·巴菲特，1930年出生，他是美国伯克希尔·哈撒韦公司的董事长，主要从事股票交易、电子现货交易、基金交易。他的资产已经达到了九百多亿美元，在福布斯富豪榜上一直位于前五名。他是世界公认的最成功的投资商之一，在几代华尔街投资者的心目中有着非同一般的地位。

我是用脑子，而不是用这些高科技参与股票投资。

天才投资家和他的公司

巴菲特非常神奇,在他五十多年的投资生涯里几乎没失手过。他能轻易找出别人无法发现的投资时机,甚至经常在所有人都不看好的情况下作出能最终得到巨大利益的选择。那他又是怎样一步步"成神"的呢?

1956年,二十六岁的巴菲特在故乡奥马哈成立了巴菲特合伙人公司。对于公司运作他有一套独特的要求。

- 不要问我的股票怎么买的,买了多少,买了哪些。
- 不要过问公司的任何事情。
- 每年最后一天发表总结,投资人决定继续投资或者拿回资金。

就这样,巴菲特运用他的智慧、努力、耐心,很快就在市场不好的情况下赚了很多钱,这让投资人看到了他的能力,大家开始愿意把自己的钱交给他管理。

快来投资吧!我可以帮你赚钱!

1968年，巴菲特公司的股票取得了增长46%的好成绩，而同时期整个股市的平均增长率只有9%。在仔细分析股市后，他选择了隐退。

很快，股价普遍比之前下跌了50%甚至更多，这种情况持续了好几年。在所有人都觉得很难赚钱的时候，巴菲特却认为机会来了！他精挑细选了一些便宜的股票买了回来，随后十几年，整个市场慢慢变好，这些股票的价格也开始飙升。至于巴菲特从中赚到了多少，大概只有他自己才知道了。巴菲特的能力大家都看在眼里，他的公司受到很多人关注，公司本身的股价比最初上涨了2000倍！

普通人也许会关注股票一两个月甚至几天之内的变化，但巴菲特关心的则是自己购买的股票五年、十年甚至十几年、几十年的变化。

二、股票之神的成功之道

1 "三人行必有我师"

巴菲特在美国内华达州的奥马哈市出生，从十一岁开始，就通过买卖股票赚钱，他一边打工一边读书。为了更好地学习商业知识来赚钱，考大学的时候选择了财务和商业管理专业。

求学时期他读了本杰明·格雷厄姆所著的《聪明的投资者》，被"价值投资"理念吸引，于是他研究生考入了哥伦比亚大学，投入了本杰明·格雷厄姆老师的门下，从他那里学到了丰富的投资知识和诀窍。

巴菲特带着从老师那里学到的最大的本领——分析、分析、再分析，回到家乡创办了自己的公司。不久，又遇上了另一位亦师亦友的好伙伴——查理·芒格。

他从芒格那里学到的最好的办法就是……

就这样，在一个又一个老师的帮助下，巴菲特的事业渐渐到达了巅峰。

2 耐心是怎样炼成的

《华盛顿邮报》是美国的一家全国性的报纸，由于报道了不少重大事件，知名度很高。不过在1973年的时候，《华盛顿邮报》由于得罪了美国政府，公司的情况变得很差。而就在此时，巴菲特做出了令所有人瞠目结舌的决定。

事实上，在刚买完《华盛顿邮报》的股票之后，巴菲特和这家报纸的总裁，也是最大的股东——凯瑟琳·格雷厄姆女士进行了一场谈话。

通过这次谈话,巴菲特认识到这家公司除了本身有着极大的竞争优势之外,还有一个出色的领导者,这使他即使在公司情况最差时也依旧对它信心满满。

在凯瑟琳的领导下,从 1976 年开始,《华盛顿邮报》的股票价格开始上涨,在 2014 年获得了超过十亿美元的收益,这简直是一个天文数字。

巴菲特

3 尽量去做自己擅长的事

有一句老话是：**生意不熟不要做**。这是让大家做自己最了解和最擅长的事，这样才能降低失败的风险。而巴菲特也有一句话：**不熟的股票不要买**。2000年初，大家像着了魔一样投入网络、科技等股票的怀抱。

只有巴菲特反其道而行之，坚决不买这些股票。他的决定甚至招来了不少人的质疑。面对大家的批评，他依然坚持自己的想法。

巴菲特避过了这场股市动荡，还在别的领域赚了一笔。这下子，人们再也不说他是个赶不上潮流的人了。有了这几十年的投资和人生经历，他的经验可以归纳为两个字：**专注**。只有专注于自己喜欢的工作，才能获得成功。

巴菲特的自我意识培养

❶ 找寻真正感兴趣的事，然后全身心投入，不惧困难，不轻言放弃。

❷ 坚持自己的观点，做自己认为对的事，不被外界因素所影响。

❸ 勤学好问，多向有学识和本领的人请教，将全部所学灵活运用。

❹ 有足够的耐心和专注力，目光放长远，循序渐进地发展。

巴菲特在纽约证券交易所

纽约证券交易所里每天进行着数不清的股票交易，而巴菲特十一岁时就从这里学到了一个道理：**那就是不管经济怎么不景气，只要能够给人们提供价值，就能赚钱。**

心中有爱的"发明者"

墨 子

一、墨子其人

墨子，名翟，出生于春秋末年战国初期，宋国人，是一位著名的思想家、教育家、科学家、军事家。他是墨家学派的创始人，有《墨子》一书传世。墨子也是我国历史上唯一一个农民出身的思想家。始终为弱者和百姓们说话，这在整个中国文明史上都是很少见的。后世为了纪念他在科学上的成就，将 2016 年 8 月 16 日发射的一颗量子科学实验卫星命名为墨子号。

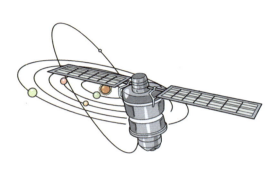

墨子的思想主张

墨子曾经是儒家学说的拥护者，渐渐地他的观点与之发生了分歧，于是，他自己创立了墨家学派，墨家学说比较受平民百姓欢迎，当时甚至有**"天下学者非儒即墨"**的说法。

穷人活着都困难，为什么还要把钱花在死人身上？

"十大主张"

墨子提出了十大主张：尚贤、尚同、兼爱、非攻、节用、节葬、天志、明鬼、非乐、非命。其中最有名的是**"兼爱、非攻"**。

墨子以"兼爱"为根据，提出了一个"七不"准则：

大国不攻打小国，强国不欺侮弱国，人多的不伤害人少的，狡诈的不欺骗愚笨的，尊贵的不鄙视卑贱的，富足的不无视贫困的，年轻力壮的不抢夺年老衰弱的。

墨家弟子不光要学习墨家学说，还要亲身实践。为了实现非攻的主张，弟子们要时刻准备着投入到守御弱国的任务中；墨子不仅要弟子学习文化知识，还强调动手能力，所学知识要能和生活结合，他的学校大概可以说是我国历史上第一个"职业技术学校"了！

墨子

"多才多艺"的墨子

墨子是一位思想家，但也不仅是思想家，在更多的学科领域都创造了巨大的成就。

教育方面

墨家的教育方法非常与众不同。一是"扣则鸣，虽不扣必鸣"，就是说作为教育者，就算不被"敲"也要积极主动去教育别人；二是"古之善者则述之，今之善者则作之，欲善之益多也"，意思是说要继承古代好的东西并创造出新的好东西，这样好的东西才能越来越多；三是"合其志功而观焉"，就是说要从动机和结果两方面来评判人的行为。在当时，这种逻辑性、实用性相结合的评判标准在思想性上有深刻的突破。

数学方面

墨子是我国历史上第一个从理性高度对待数学问题的科学家。他给出了一系列数学概念的命题和定义，这些命题和定义都具有高度的抽象性和严密性。

> 墨子关于光学的研究，比我们所知的希腊的研究更早。

英国科学技术家 李约瑟

物理方面

墨子给出了力的定义，并且提出了物体在运动时"动"和"止"的概念，这和现代意义上的阻力非常相似。他还研究过光学，进行过小孔成像的实验，研究过凹面镜和凸面镜，以及声音的传播等。

机械制造方面

墨子不仅熟悉所有的兵器、机械和工程建筑的制造技术，还发明了出不少新技术。他曾经花了三年时间造出来一种能够飞行的木鸟，人们认为这就是最初的风筝。不过，比起木鸟，墨子更愿意给百姓们制造生产工具。他最得意的弟子可以在一天之内造出载重量达上百斤的车子。

逻辑学方面

墨子认为，思维逻辑必须从实际出发，进行归纳和提炼，找出方法后再运用到实际生活中去，这在春秋战国时期是具有先进性的。

墨子

二、跟着墨子积极开发主观能动性

1 如何做人是和环境、教育有关的

墨子从小接受儒家教育，然而越学越觉得儒家学说不适合自己，特别是手工制作和发明创造竟然被称作"奇技淫巧"。墨子认为，手工技艺的发明创造更能给百姓生活带来方便，这大概也是受到生活环境的影响。

有一次，墨子去染布坊，看见了……

原本白色的丝会跟着染料的颜色来变化……

于是他提出了"素丝说"。人性的善恶和染丝一样，即人性原本是不分善恶的"素丝"，周围的环境和教育就是"染缸"，人性最终如何，还要看"染缸"里的颜色如何。

染于苍则苍，染于黄则黄，所入者变，其色亦变。

能够主动脱离不好的环境需要很多思考和勇气，不过自主选择的权利和能力正是人和丝不一样的地方。

2 集中精力，尽最大的努力

战国初期，楚国为了攻打宋国请著名工匠公输班（即鲁班）造了一些攻城用的武器。墨子得知消息后，连着走了十天十夜的路，在开战前赶到了楚国。

墨子以"仁爱"说服公输班，并请他为自己引见楚王。为了表明守城的决心和劝服楚国放弃攻打宋国的想法，墨子当着楚王和公输班的面，用衣带围成城墙，找来小竹片代表守城的器械。公输班用不同方法一次次攻城，墨子则描述出他的守城工具，配合战术一次又一次地挡住了楚国的进攻。公输班的办法都用完了，墨子的守城办法还绰绰有余。楚王看墨子已经安排了这么多，觉得即使去攻打宋国也没有必胜的把握，于是取消了计划。

3 不要轻言放弃

要推行墨家的政治主张，就要去各个国家进行"自我推销"，各国的君主表面上对墨子很恭敬，实际上并不喜欢他。他们都给予为墨子加官晋爵的提议，但拒绝推行墨子的政策。

但墨子认为，如果为了得到封地和俸禄就放弃坚持，那永远无法完成理想，他的理念和思想也不会被这么多人知道了。

4 "快马也要加鞭"

墨子对自己的学生要求非常高,对喜欢的学生要求会更严格。墨子有一个学生叫耕柱,非常聪明但不够努力,所以对他特别严格。可耕柱却认为墨子"故意挑他的毛病"。于是,墨子给他讲了赶牛和赶马的故事,"我批评你,是认为你是一匹快马,只不过要鞭策你才能力求上进。"耕柱明白了之后,比之前更加发奋,再也不用墨子整日督促了。

后来,人们在形容快上加快的时候也会用这个故事衍生出来的成语——**快马加鞭**。

墨子

墨子的自我意识培养

❶ 刻苦努力，并且敢于挑战，不断提升能力和水平，超出预支达成目标。

❷ 了解周围的环境和身边的人、事，取其精华去其糟粕，运用于自己的学习和努力中。

❸ 具有伟大的抱负和高远的情操，愿意为之倾尽所有去奋斗，加强自身能力水平。

❹ 不断的自我奋进，最大限度地提升主观能动性。

第三章
自我激励

自我激励是指个体在没有外部压力或奖励的情况下，激发和维持向目标努力的内在动力。

这种动力是个人成功的重要因素，来自个人内部，如**个人兴趣、价值观、目标、期望和信念**等。它能够帮助个体在没有外部激励的情况下，也能保持专注和坚持。

自我激励能力强的人通常能够更好地管理自己的时间和资源，克服挑战，并实现个人和职业生涯的目标。

培养儿童的自我激励能力是一个逐步的过程，涉及鼓励孩子内在动机的发展以及帮助他们建立自信和独立性，可以**尝试让他们在树立正面的榜样、在兴趣中寻找动力、制定目标和计划、积极努力建立自信心**等方法。通过这些策略，儿童可以逐渐学会如何自我激励，并将这一能力应用到学习、运动、艺术，以及其他任何他们感兴趣的领域。

最重要的是，要有耐心和一致地支持儿童，因为自我激励的能力需要用时间来培养和发展的。

一生追求真理的马克思

马克思

一、马克思其人

卡尔·海因里希·马克思（1818—1883）出生在德意志邦联普鲁士王国莱茵省特里尔城的一个律师家庭。马克思是德国伟大的思想家、政治家、哲学家、经济学家、革命家和社会学家。

他和自己最好的朋友恩格斯一起创立了马克思主义学说，这门学说被认为是指引全世界劳动人民为实现社会主义和共产主义伟大理想而进行斗争的理论武器和行动指南。他本人也被称作"全世界无产阶级和劳动人民的伟大导师"。

马克思的两大著作

马克思知识渊博，对政治、经济、宗教、哲学、文学、史学、自然科学等都进行过深入的研究，也写出了不少著作，其中最著名的就是《共产党宣言》和《资本论》。

《共产党宣言》

在1847年6月的伦敦，共产主义者同盟成立了。

他们决定以共产主义思想为指导，让全世界无产者联合起来，为推翻资产阶级，建立无产阶级统治，消灭旧的以阶级对立为基础的资产阶级社会和建立无阶级、无私有制的新社会而努力。马克思和恩格斯一起加入了这个组织，并一起起草了《共产党宣言》作为同盟纲领。

1848年2月24日，《共产党宣言》正式出版。这篇世界上最显要的政治短文之一的文章标志着马克思主义的诞生。

- 消灭私有制
- 推翻资产阶级统治，由无产阶级夺取政权
- 夺取资产阶级的全部资本，把一切生产工具集中在无产阶级手里，并且尽可能快地增加生产力的总量
- 实行免费教育

……

马克思

随着革命的发展,马克思把自己学说的命运同社会现实紧密地结合起来,根据不同国家、不同时期的情况对文章进行了很多次修改。马克思和恩格斯还在不同时期以及不同国家再版时给文章写了不同的序言,确保《共产党宣言》能够紧跟时代,甚至引领时代。

马克思主义和风起云涌的工人运动相辅相成,并给工人运动提供了理论的支持和指导,而工人运动又给马克思主义带来实践的成果。在不断的斗争之后,很多国家不得不开始进行社会改革,使工人阶级和劳动人民的利益得到一定程度的保障。

1917年11月7日,以马克思主义为指导的俄国十月革命的胜利,更是直接改变了世界格局,即在资本主义国家之外,还出现了社会主义国家。

《资本论》

马克思生活的时代，接连不断的经济危机让人们为了生活苦苦挣扎，这让马克思格外关注资本主义社会中的经济发展规律。而在马克思的研究中，有一个非常重要的概念，那就是剩余价值。以这个概念为中心，马克思写出了《资本论》。

丝线 20 元

女工工资 10 元

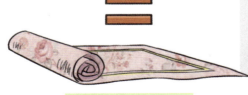

漂亮的地毯 100 元

《资本论》共三卷，马克思在书中深刻分析了资本主义的生产方式，揭示了资本主义社会发展的规律，并使唯物史观得到了科学验证和进一步的发展。

《资本论》还引用了大量的历史资料，据说马克思为了写《资本论》，读了两千多本经济学方面的书籍，收集了四千多种报纸杂志。除了阅读外，他还要对资料进行摘录、整理。

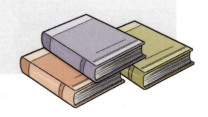

马克思

为了写作《资本论》，马克思在二十多年中几乎每天都坚持到大英博物馆的阅览室去查阅资料。在图书馆抓紧一切时间，在家里也是废寝忘食，甚至嘴里还在嚼着食物就回书房工作了。

"这人几乎每天早上九点准时来看书啊。"

"真是最勤奋的读者！"

就这样，1867年9月14日，第一卷《资本论》终于正式出版。而剩下的两卷，直至他去世后才得以出版。这部著作跨越了经济、政治、哲学等多个领域，成为全世界无产阶级运动的思想指导，而且也在一直由资产阶级统治的政治经济学领域作出了划时代的贡献，成为经典的无产阶级的政治经济学代表。

二、自我激励与受人激励的一生

1 至臻的灵魂伴侣和工作中的助手——妻子燕妮

马克思的妻子叫燕妮·冯·威斯特华伦，出身贵族，受到良好的教育，还很有主见，被称作"特利尔最美丽的姑娘"。燕妮不顾传统的社会观念，和工人阶级出身的马克思恋爱，甚至瞒着自己的父母答应其的求婚。

婚后不久，燕妮就和马克思一起踏上了流亡之旅。马克思对共产主义事业的贡献越大，有钱有权的资产阶级就越恨他。他们不停地驱赶他，马克思夫妇不得不四处转移，生活压力也越来越大。

即使是这样，燕妮也从没想过离开，她甚至还是马克思不可缺少的秘书，马克思的所有手稿，由于大部分很难辨认，在送到印刷厂或出版社以前，都先由燕妮誊写清楚。

1881年12月2日，六十七岁的燕妮离开了这个世界。两年后的3月14日，马克思在无尽的思念中追随燕妮而去。人们把他俩一起安葬在了英国的海格特公墓。

马克思

2 革命道路上的同行者——恩格斯

马克思最好的朋友就是恩格斯，他们年纪相当，相互欣赏。只要一见面，就夜以继日地讨论社会、经济各方面的问题，然后把双方的经验一起进行梳理和总结。

马克思四处流亡时还要写书，根本无法长时间工作，渐渐坐吃山空。恩格斯干脆担任起了赞助人的角色。甚至迁居曼彻斯特，开始经商。正是恩格斯长期无私的援助，才能使马克思专心于创作和研究。

恩格斯通过书信和马克思研究讨论国际工人运动的理论和策略，以及军事、语言学等各种学术问题。1870年，恩格斯搬到伦敦，马恩终于可以一起领导工人协会的工作，直接交流各种见闻、看法。在马克思离世后，《资本论》的第二、三卷的整理、出版的工作全部由恩格斯承担。这些书籍不仅是马克思的心血，也是他和恩格斯共同的信仰和追求的结晶，更是他们伟大友谊的象征。

3 为解救全世界苦难人民而努力奋斗

马克思一直对底层的劳动人民充满了同情。随着工业革命的发展，很多人失去了工作，没有钱购买食物，不得已之下，他们去森林里拾枯树枝生火取暖，采野果充饥。然而，普鲁士统治者只想着把这些可怜人当成小偷重判。于是大学刚毕业的马克思写出了《关于林木盗窃法的辩论》，对立法机关偏袒富人的利益进行了谴责，还提出了解决的办法。

此时，马克思的观点还稍显稚嫩，然而已经走出了为无产阶级利益抗争的第一步。面对攻击，他从不退缩，在未来几十年里，也一直奋斗在为实现人类平等而战斗的第一线。

如果你们好好改善社会福利，帮助他们就业，不会有人愿意靠野果和枯树枝过日子的！你们只顾着富人的利益，却剥夺贫民捡拾枯枝的权利。

马克思

马克思的自我激励培养

① 从小树立远大的目标，并为之不断努力奋斗，不畏艰险，勇敢向前。

② 具有大爱精神，以及培养共情感，能够为更多人的疾苦奉献自身力量。

❸ 坚持长期学习，以及培养阅读兴趣，从更多好著作中提升自己的水平。

❹ 培养专注力，不受外界影响，能够长期将注意力放在自己坚持的道路上。

永不服输的篮球巨人

乔 丹

一、乔丹其人

迈克尔·乔丹于 1963 年 2 月 17 日生于美国纽约州布鲁克林，被誉为"篮球之神"。1984 年他开始成为职业选手，2003 年宣布退役，是全世界最伟大最著名的篮球运动员之一。

乔丹的篮球绝技

空中拉杆连续晃动三次上篮： 在三人的防守中起跳，在空中手部连续晃动三次做假动作，之后投篮命中。这个动作至今无人能做到。

空中平移飞行扣篮： 滞空时间长达 0.92 秒，仿佛在空中漫步。

后仰跳投： 他的撤步和滞空时间，让防守队员难以封堵。

乔丹的荣誉簿

- 6届NBA（美国职业篮球联赛）总冠军；

- 6次NBA总决赛MVP（最有价值球员）；

- 1984年洛杉矶奥运会男子篮球金牌；

- 1992年巴塞罗那奥运会男子篮球金牌；

- 职业生涯场平均得分31.5分（复出前），是NBA历史上最高分。

乔丹

乔丹的生财之道

1. 职业生涯 15 年，赚下 10 亿美元工资

2. 将名字授权给耐克的 AirJordan 系列，每年获利上亿美元

3. 成为球队老板

2010 年，乔丹成为夏洛特山猫队的大股东，他是 NBA 历史上首位职业球员出身的球队大股东，也是 NBA 现在唯一的黑人大老板。2014 年，山猫队更名为夏洛特黄蜂队。现在，球队价值已经达到了 10.5 亿美元。

二、"飞人"是怎样炼成的

1 从小争强好胜,行动力十足

乔丹从小就是个好奇心很强并且行动力十足的人,想到什么就立马去做。

除了调皮捣蛋之外,乔丹很快又迷上了各种各样的体育活动,特别是篮球,他每天都要在自家院子里练球。为了能战胜比他强壮、高大的哥哥拉瑞,乔丹每天反复练习篮球技术,在日复一日的练习下,他的球技越来越强。在12岁那年,乔丹和伙伴们一起夺得了北卡罗来纳州少年篮球赛的冠军。

乔丹

2 学生时代的篮球逆袭之路

上了高中的乔丹,虽然篮球技术不错,但由于个头有点小,一直进入不了一队。于是他开始加倍努力地练球,并且通过一些方法让自己长高。每天除了和球队一起训练四个小时外,还要自己加练,直到筋疲力尽。

经过一年的苦练,乔丹的球技突飞猛进,个头也长高不少。终于,他进入了一队。高中毕业后,他到北卡罗来纳大学,进入校篮球队后的第一年,他就和队友们打进了全美大学生篮球联赛的总决赛。而这次比赛最后15秒的关键进球也是他贡献的。就这样,全队夺得了冠军。

3 天赋+努力，篮球界的"梦之队"

1984年，乔丹加入了NBA芝加哥公牛队，并且迅速得到了年度最佳新秀的荣誉。之后的每一年他都在进步，但始终没能得到总冠军。在1990—1991赛季，乔丹和队友们再一次闯入总决赛。这时，他也迎来了和魔术师约翰逊的正面交锋。

好胜的他在内心默默认定，属于他的时代马上就要到来了。终于，他和队友们如愿以偿，夺得了总冠军。他也拿到了职业生涯的第一个总决赛MVP。

在接下来的两年里，他再接再厉，又夺下两次NBA冠军，完成了三连冠的壮举。在1992年的巴塞罗那奥运会上，乔丹作为美国队的头号球星，夺得了奥运会男子篮球金牌，而他们的队伍也有了一个称号——梦之队。

乔丹

4 从丧父阴影中走出，重新闪耀篮坛

就在乔丹的运动生涯步入巅峰时，一件不幸的事情发生了。他的父亲遭遇拦路抢劫，被人枪杀。这件事情让他十分悲痛，甚至对篮球心灰意冷。

因为父亲非常热爱棒球，1994年，乔丹宣布离开篮球场，开始为成为一名棒球运动员而努力。事实证明，每个人的天赋各有不同，就算他用十二分的努力去训练，还是没办法不拖球队的后腿。《体育画报》甚至发表了名为《乔丹，棒球场上的耻辱》的文章。

1995年，乔丹终于重回芝加哥公牛队，继续他的篮球生涯。

1996年，他率领球队再次拿下了NBA总冠军，他的技艺却越发炉火纯青。之后的两年里，帮助球队夺得了两次冠军，完成了职业生涯里的第二次三连冠；2002—2003赛季入选全明星阵容；2003年，他决定急流勇退，结束自己的球员生涯。

这就是乔丹的故事。希望他的经历可以激励到更多人爱上篮球，并且投身于这项运动。

乔丹的自我激励培养

❶ 不怕困难，敢于尝试，给自己树立信心，不达目的誓不罢休。

❷ 勇于挑战，找到良性的竞争对手，不断努力，想办法取胜。

❸ 以平常心面对人生的不同时期，培养稳定的情绪内核，胜不骄、败不馁。

❹ 培养坚强的意志和坚定的信心，将负面情绪转化成奋斗的动力。

球员人数：每队上场 5 名球员，最多有 7 名候补球员。（某些比赛可以增加人数）

比赛时间：

FIBA 比赛：	第一节比赛 10 分钟	休息 2 分钟	第二节比赛 10 分钟	中场休息 15 分钟	第三节比赛 10 分钟	休息 2 分钟	第四节比赛 10 分钟
NBA 比赛：	第一节比赛 12 分钟	休息 130 秒	第二节比赛 12 分钟	中场休息 15 分钟	第三节比赛 12 分钟	休息 130 秒	第四节比赛 12 分钟

休息 100 秒 ｜ 加时赛 5 分钟，若加时赛无法分出胜负，则再加时 5 分钟，直至分出胜负。

进攻时间：
　　每次进攻时间不能超过 24 秒。

得分：
　　在比赛过程中，球投进篮筐经裁判认可后算得分。三分线外侧投篮进球得 3 分，三分线内侧投篮进球得 2 分，罚球投进得 1 分。

犯规：
　　根据 FIBA 制定的规则，每名球员每场比赛可以有 4 次犯规的机会。

　　第 5 次犯规就会被罚退场。

　　但在 NBA 的比赛中，第 6 次犯规才会被罚下场。被罚下的球员，这场比赛不能再出场。

罚球：
　　一方队伍的球员犯规，另一方获得罚球机会。罚球时，其他队员不能上前阻挡。罚球队员站在罚球线后，从裁判手中接过球后，需在 5 秒内投篮。

球员分类：
　　按位置和作用可分为控球后卫、得分后卫、小前锋、大前锋和中锋。

坚强硬汉子

海明威

一、海明威其人

欧内斯特·米勒尔·海明威（1899—1961），出生于美国伊利诺伊州芝加哥市，美国作家、记者，被认为是20世纪最著名的小说家之一。

海明威的一生之中曾荣获不少奖项。

他在第一次世界大战期间被授予银制勇敢勋章。

1954年《老人与海》又夺得诺贝尔文学奖。

1953年，他以《老人与海》一书获得普利策奖。

2001年，海明威的《太阳照常升起》与《永别了，武器》两部作品被美国现代图书馆列为"20世纪中的100部最佳英文小说"。

1961年7月2日，海明威在爱达荷州凯彻姆的家中用猎枪自杀身亡，享年62岁。

第三章 自我激励

海明威作品名句

- 一个人并不是生来就要被打败的。你尽可以把他消灭掉，可就是打不败他。

- 我多希望在我只爱她一个人时就死去。

- 没有失败，只有战死。

- 青年人要有老年人的沉着，老年人应有青年人的精神。

- 生活与斗牛差不多，不是你战胜牛，就是牛挑死你。

- 每个人都不是一座孤岛，一个人必须是这世界上最坚固的岛屿，然后才能成为大陆的一部分。

海明威

"老人与海"的故事

《老人与海》无疑是最能代表海明威的一部作品,这本书为他赢得了1954年的诺贝尔文学奖。书中的故事情节围绕一场悲壮的人与自然惊心动魄的搏斗展开。

故事的主人公就是这个叫作圣地亚哥的老头。

老头已经出海好几天了,但是一条鱼都没有捕到,眼看着暴风雨就要来了,似乎只能放弃捕鱼,赶紧回家。他尽力了,但是他什么也没有得到,这是命运对他开的玩笑。很多人遇到这种灾难性的困难时往往沮丧、倦怠。然而老人选择的是向命运挑战,他继续开向大海,他对着大海怒吼,对着太阳怒吼。终于,他等到了一条大鱼。

这未免太大了吧!

第三章 自我激励

面对这条堪称鱼王的巨大马林鱼,老人毫不退缩地与之展开搏斗。即使双手都血肉模糊也丝毫不放弃。最终他战胜了鱼并拖着它的尸体返程。

没想到却遇到了鲨鱼群的围攻,他失去了战斗的力气,却仍殊死搏斗,但最终还是失败了。他带着破烂的小船、仅剩下白骨的大鱼和疲劳的身体回到家。一个失败了的胜利者回来了。

海明威

老人虽然最后仍然失败了,但从另一种意义上来说,他仍然是一个胜利者。

因为他不屈服于命运,无论在多么艰苦卓绝的环境里,都凭着自己的勇气、毅力和智慧进行了奋勇的抗争。大马林鱼的鱼肉虽然没有保住,但他捍卫了"人的灵魂的尊严,显示了一个人的能耐可以达到什么程度",是一个胜利的失败者、一个失败的英雄。这样一个"硬汉子"形象,正是典型的海明威式的小说人物。

小说中的大海和鲨鱼象征着与人作对的社会与自然力量,而老人在与之进行的殊死搏斗中,表现了无与伦比的力量和勇气,不失人的尊严,虽败犹荣,在精神上并没有被打败。

二、硬汉作家的成长之路

1 不变的兴趣，始终坚持的梦想

海明威家有六个孩子，他排行第二。海明威的童年是在密歇根湖的一所农舍中度过的，每天在大自然中尽情玩乐。

小时候，每当听故事时，他总不断模仿故事中喜欢的人物角色。上学后，海明威的学习成绩和体育成绩都很好；会拳击、足球，在班里，他的语言能力也特别好。到了初中，他就开始发表文章，这也是他第一次写作。高中的时候，他开始在校报当编辑了。

我喜欢模仿！

海明威

18岁的时候，海明威辍学，去一家报社当记者，开始了他的写作生涯。不过爸爸非常反对他的决定，他一直希望海明威和姐姐一起去念大学。海明威当时工作的《堪城星报》是一家非常著名的报社，他是年龄最小的员工，虽然在《堪城星报》仅仅工作了6个月，但这家实力强大的报社里雇用了很多才华横溢的记者，而每个记者几乎都有同一个梦想——写小说。在这种氛围下，海明威和他们的接触为他打开了一扇新大门，他也渐渐有了写小说的念头。

2 坚持下来才有收获

于是，海明威开始很勤奋地写作，可是结果并没他想得那么好，一次又一次的退稿让他厌倦透顶。

他不断的写出新作品,可是新作品依然被退稿了。

虽然还是很难过,但也习惯了这种退稿的日子,渐渐的这些也打击不了他了。他相信自己的写作风格没有问题,不断告诉自己绝不能在半路退出。正是因为这样的坚持不懈,海明威终于坚持到了成功的那一天,他很感谢这些困难的日子对自己的磨炼。

海明威

3 站着写作的作家

如果你要问海明威简洁写作风格的秘诀在哪里，他会非常简洁地回答你："站着写！"

对，就这样写！

保持这种姿势，可以使他处于一种紧张状态，迫使他尽可能简短地表达自己的思想。

他在写作的同时，还精心研究奥地利作曲家莫扎特、西班牙油画家戈雅、法国现代派画家谢赞勒的作品。他觉得，向画家学到的东西跟向文学家学到的东西一样多。不同画家的作品会带给人不同的心灵震撼与美感。海明威还很注意学习音乐作品基调的和谐和旋律的配合。所以，他的小说给人一种情景交融，语言简洁、清新，独特的风格。

4 作品修改到出版前的最后一分钟

对待写作,海明威的态度是严肃而认真的,他十分重视对作品的修改。每天开始写作时,先把前一天写的读一遍,写到哪里就改到哪里。全书写完后先从头到尾改一遍;草稿请人家打字排版后再改一遍;在出版之前再改一遍。他认为这样三次大修改是写好一本书的必要条件。他的长篇小说《永别了,武器》的初稿写了6个月,中间还经历了手稿被偷重写,加上重写后的修改、出版前的修改,一共改了39次,他才觉得可以了。

海明威主张"去掉废话",即把一切华而不实的词句删去。最终他实现了自己的梦想,成为举世闻名的作家。

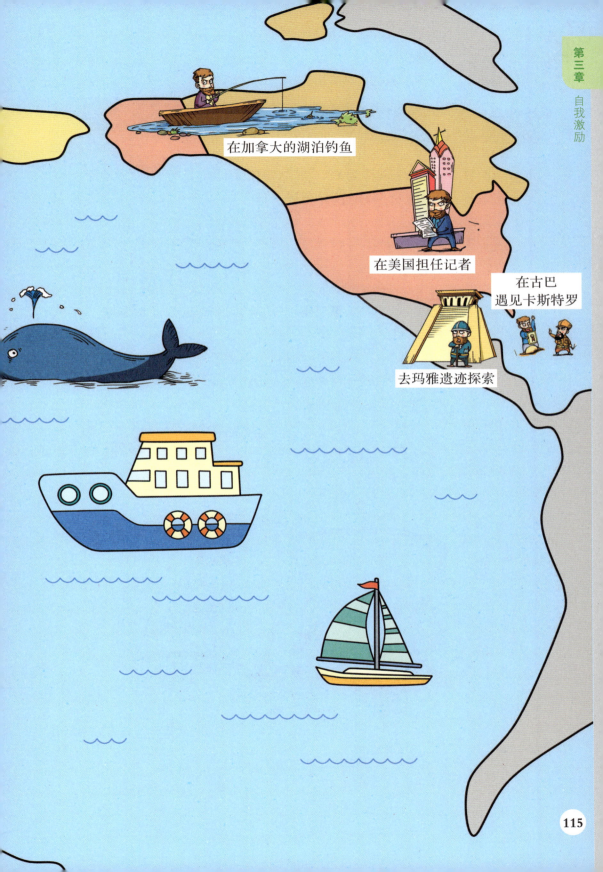

海明威

海明威的自我激励培养

❶ 寻找自己的兴趣爱好，并为之树立远大目标，然后着手学习、实践，朝着目标迈进。

❷ 不畏惧困难，不害怕挫折，坚定信念，毫不转移地朝着设定的方向努力。

❸ 离开舒适区，尝试接受各种挑战，磨炼身心，加强意志力锻炼。

❹ 控制情绪，学会在困难面前不低头，不断给予自己积极的心理暗示。

我试图塑造一位真正的老人，一个真正的孩子，一片真正的海，一条真正的鱼和一条真正的鲨鱼。

第四章
自我反省

自我反省是个体对自己的思想、情感、行为和价值观进行主动的思考和审视的心理过程。

它是个人发展和心理健康的关键组成部分，**可以帮助人们在经验中学习，提高自我调节能力，增强自我控制，并促进更有意义和目的性的生活**。通过自我反省，个体能够更好地理解自己的内在需求和愿望，从而更有效地导航人生和职业道路。通过定期的自我反省，个体可以发展出更强的自我控制能力，更好地理解和导航复杂的社会关系，并做出更有意识和更符合自己价值观的决策。

培养儿童的自我反省能力需要成人的引导和儿童本身的实践，如**建立信任的环境、以自己为正面榜样、鼓励开放性对话、设定时间进行反思**等方法。通过这些策略，孩子将逐渐学会自我反省，这对他们的情感发展、社交技能和学术成就都是非常重要的。

盛世大唐的缔造者

唐太宗

一、唐太宗其人

唐太宗李世民（598—649），唐朝的第二任皇帝，出色的政治家、军事家，优秀的书法家、诗人，在唐朝的建立过程中立下了赫赫战功。

在626年即位后，李世民虚心纳谏，厉行节约，使百姓能够休养生息，出现了国泰民安的局面，开创了中国历史上著名的"贞观之治"，为后来唐朝100多年的盛世奠定重要基础。

唐太宗以身作则，提倡"戒奢从简"的生活方式，取消、减免了不少赋税，大大减轻了百姓的负担。他还给商人从事商业活动提供了很多便利条件，使得唐朝的农业和商业都蓬勃发展起来。唐太宗实行的民族和外交政策也十分开明。由于这段国泰民安的时期处于唐太宗贞观年间，所以被称为"贞观之治"。

太宗皇帝和他的贞观之治

唐太宗统治初期，国家还是有很多问题，因为隋朝以及各割据政权遗留下来的坏风气，政府机构里冗员充塞，剥削百姓。

第四章 自我反省

为了革除"民少吏多"的弊端，唐太宗把不合适、不作为的官员全部清退，然后将州县合并，扩大每位长官的管辖范围和权力。这样一来，虽然官员总人数少了，但是办事效率提高了。

亲身经历过隋炀帝横征暴敛、奴役百姓、穷兵黩武导致农民起义的时代，因此唐太宗深刻了解人民安宁对统治稳定的重要性，他主张轻徭薄赋，休养生息，自己也生活从简，尽量不给百姓增加负担。由于唐太宗以身作则，大臣们也都学着不铺张浪费，举国上下形成了节俭的风气。这对经济的恢复也起到了很重要的作用。

在唐太宗统治的时期，吏治清明，社会治安良好，路不拾遗、夜不闭户，经济快速发展，人民生活富足；与少数民族和平相处，各民族团结起来，并且击退了东突厥的侵扰，让边境百姓可以安居乐业；对外国人采取了开放的政策，很多国家和地区都向唐朝派遣了留学生，让他们可以自由来唐朝学习、经商、生活，他们也把唐朝的文化传播到了世界各地，为唐朝的繁荣增添了绚烂的色彩。

就这样，在唐太宗和大臣们的共同努力下，大唐逐渐成为一个繁荣富强的国家，首都长安也成为当时世界上最大、最繁华的城市。

二、唐太宗李世民的人生课堂

1 一往无前的勇气

李世民出生在一个贵族家庭，爷爷是个经常能够出奇制胜的常胜将军，父亲李渊七岁就袭封唐国公，长大后得到了隋炀帝的重用。生长在这种家庭中，从小就学到了很多军事、政治等方面的知识，能够建立一番功业自然也成为他的理想。

隋朝末年，隋炀帝频繁地发动战争，生活荒淫奢侈，激起了民愤，在天下大乱的局面下，李世民的父亲李渊也起兵反隋。已经十八岁的李世民便一直跟随父亲东征西讨。在起兵反隋这件事上，他功不可没。

等李氏父子占领长安，建立唐朝后，整个国家还处于四分五裂的状态。于是李世民多次带兵出征，消灭全国的割据势力。他为唐朝的建立与统一立下了赫赫战功。

 唐太宗

2 智慧，必不可少

十足的勇气固然重要，但智慧也不可或缺。在继承皇位之前，李世民最能施展能力的地方就是战场了。

武德三年（620年）七月，李渊命李世民征讨占据洛阳称郑帝的王世充，王世充慌忙向占据河北、山东一带的夏王窦建德求救。

武德四年（621年）三月，窦建德率十余万大军一路西进，李世民令手下继续围攻洛阳，自己则率兵三千五百人至虎牢，与窦建德军队相持月余。

同年五月，率军北渡黄河，抵达广武（今山西境内）南境，在河边留下一千多匹马引诱窦建德，晚上再偷偷率军返回虎牢。窦建德果然中计，派出大军擂鼓迎战。李世民则按兵不动，只派出少数人马与他们纠缠。等到中午时分，窦建德军队已疲惫不堪，秩序混乱，唐军大部队趁势反击。窦建德受伤被俘。王世充见窦建德大败，也献城投降。

武德九年（626年）八月，东突厥趁唐朝发生玄武门之变，政局不稳之时，伺机入侵。

李世民立即派尉迟敬德去泾阳（今陕西咸阳市泾阳县）进行防御，虽然打了胜仗，但是东突厥首领颉利可汗率领十多万人，分兵渭水，直逼长安。此时长安城内的兵马并不多，援军要赶来也需要一些时间，情况十分危急。

于是，李世民穿上铠甲，骑上战马，只带了六个人就前去谈判。

他面对敌人侃侃而谈，也答应给可汗一些好处。与此同时，救援部队也及时赶回长安。东突厥首领知道再待下去，局势就对他们不利了，于是乖乖退了兵。

3 耐心听取所有意见

唐朝国土广阔,光靠皇帝一个人来管理国家,肯定会出现很多疏忽。所以李世民广纳贤才,不停招揽有能力的人来帮他治理国家。

当遇见有大臣们耿直地给李世民提意见,即使很不开心但都是为了国家好,无论如何,他都会控制自己的脾气听完意见,然后客观、认真地进行思考。李世民身边能够直言进谏的大臣有几十位,其中魏征提过的意见更是涉及两百多件事,仅写的意见书就有十多万字。

有一次,李世民要把征兵的年龄降低到十六岁,魏征就用"焚林而田,竭泽而渔"的典故来提醒他,让他打消了这个念头。这些敢说真话实话的大臣就像明镜,时刻提醒着自己哪些做法不对,让他尽快改正,帮助他更好地治理国家。

以人为鉴,可以明得失。

以史为鉴,可以知兴替。

4 依法治国，以德服人

宽容是美德！但是，宽容不代表放纵。李世民非常注重法治，无论是其亲戚朋友还是大臣，都不能违反法律的规定。李世民的叔叔李道宗就曾因为贪污，按照法律被削去爵位，贬为庶民；有前朝官员伪造履历，虽然他很想一怒之下杀了他以儆效尤，但是最后还是按照法律去裁判，免除一死。

天子犯法 与民同罪

无论是谁，只要犯罪，绝不宽容，从皇亲国戚到权贵大臣，都是如此，包括我自己！

——唐太宗李世民

正因为在李世民的带领下严格依法办事，所以无论是谁在判定罪责的时候会特别谨慎。死刑更是会经过反复审查。

他甚至还颁布过"让死刑犯过年回家"这一指令，他觉得只要能够严格依法治国，百姓们就能好好生活。如果能够以德感人，百姓们也会用良好的德行回报自己。正因为有了严格但不残酷的律法，在李世民统治下的大唐才有了良好的社会环境。

 唐太宗

唐太宗的自我反省培养

❶ 大量阅读历史书籍、古人传记，吸取各种前人的经验和教训。

❷ 虚心听取周围人的意见，能够从之看到自己的问题，并积极改正。

❸ 严以律己，时常去审视自己身上的不足，欣赏别人的长处，用以改正自己。

常思考、常反省的伟大先贤
孔 子

一、孔子其人

孔子名丘，字仲尼，汉族，公元前551年出生于鲁国的国都陬邑，即现在的山东曲阜。中国历史上著名的思想家、教育家、政治家，被后世尊为孔圣人、至圣先师、万世师表。他的思想对我国和东亚很多国家都有深远的影响。他是被联合国教科文组织确认的"世界十大文化名人"中唯一的中国人。

孔子与周礼

第四章 自我反省

周礼是西周初年由大思想家、大政治家周公所制定的典章制度。依据周人的原有制度,参考殷商的礼仪,制定政治、法律及文教制度,并配以相应的各种仪式和音乐,形成了一套完备的社会典章制度,称为"**周礼**"。认为个人的行为要合乎周礼,除了自我克制外,还要从生活中找寻学习的榜样,并立志向有贤德的人看齐;儒家要求学生掌握六种基本才能:**礼、乐、射、御、书、数**。相当于礼节、音乐、射箭技术、驾车技术、识字和书法和数学。这六种被称为儒家六艺。

孔子

孔子与儒家学派

春秋时期,"**儒**"是对学者的尊称,孔子这位大学者创立的学派,就被称为"**儒家学派**"。儒家学派的核心思想就是"礼"和"仁"。

在治国方略上,孔子主张"**德治**""**礼治**",就是用道德和礼教来治理国家。这不仅要求统治者自己的道德水平高,还要求统治者把长期垄断的"德"和"礼"也教给百姓,打破贵族和庶民之间的重要界限。

"仁"更是儒家学说中重要的概念,它的含义主要有两点:**一是在行为上,孔子认为能够克制自己,不任性妄为,不管做什么都要有"礼",有"礼"就能"仁"。二是在表现上,真正的"仁"者,对自己严格,对别人宽容有爱。**

到了晚年，孔子思想又有了进一步的发展，他称之为"大同"。

"大同"

在大同世界里，所有的人不分彼此、不分年龄，大人都有合适的工作和归宿，孩子都能获得温暖与关怀，孤独的人与残疾者都有所依靠。路不拾遗，夜不闭户，统治者也是大家选出的贤能之人。这是多么美好……

孔子去世几百年后，西汉时期的思想家董仲舒向汉武帝提出了：**统一管理天下，罢黜百家，独尊儒术。**汉武帝接受了董仲舒的建议，以儒家学派为尊。

到了现代社会，孔子学说提倡的"仁"和"礼"所包含的人道主义精神和对社会秩序的要求也是有极大意义的。

董仲舒　　　　　　　　　　汉武帝

第四章 自我反省

二、孔子大讲堂

1 面对不同对象，解决方法也不同

有一天，孔子的学生子路来问了他一个问题。

听到有道理的话就照着做可以吗？

你先去问问父亲、兄长的意见再行动！

过了没多久，另一个学生冉有也来问同样的问题，这时孔子的回答却变成了：

觉得有道理就照着做吧！

一旁的学生公西华很纳闷，

先生，为什么对于同一个问题，子路和冉有得到的答案不同？

冉有为人懦弱，所以要让他直接行动。子路干劲太足，所以要让他三思而后行。

这就是孔子提出的"**因材施教**"，用不同的方法处理不同情况，才能有事半功倍的效果。

2 教育要从小做起

孔子认为，教育要从小做起，从自己做起。他小的时候，有一年秋天的天气非常冷。他被冻得直发抖还在学习，母亲很心疼，让他去休息。他却拿着祭祀用的器具出了屋门。母亲又感动又惊讶。在这个礼崩乐坏的年代，孔子的举止让她非常骄傲。

孔子不光对自己严格要求，对自己后代的教育也从来不耽误。有一次他正在看书，看见儿子从外面回来，玩得忘记了读书。他严厉地告诉儿子，只有学了《礼经》，才能更好地做人。儿子乖乖回去学习了。

孔子的严厉教导并没有白费，虽然其子谈不上出众，但是他有着平和的心态、善良的为人，还教育出了优秀的下一代。

> 在做一个成功的人之前，先要做一个好人。

孔子

3 "三人行必有我师焉"

孔子周游列国时，有一次，被用土围"城"玩耍的孩子挡住去路。他正要发怒质问，谁知那孩子直接问："您怎么连'只有车子避城，不能城避车子'的道理也不知道呢？"孔子一下子被他问住了。

孔子不甘心输给一个小孩，于是出了很多问题来考他。

什么山上没有石头？什么水里没有鱼？什么门没有门闩？什么车没有车轮？什么牛不生犊？什么马不产驹？什么刀没有环？什么火没有烟？什么男人没有妻子？什么女人没有丈夫？什么时候白天短？什么时候白天长？什么东西有雄无雌？什么树没有树枝？什么城里没有官员……

土山上没有石头；井水中没有鱼；无门扇的门没有门闩；用人抬的轿子没有车轮；泥牛不生犊；木马不产驹；砍刀上没有环；萤火虫的火没有烟；男神仙没有妻子；仙女没有丈夫；冬天白日短；夏天白日长；孤雄没有雌；枯死的树木没有树枝；空城里没有官员……

还没等他惊讶完,那个叫项橐的小孩就开始反问孔子:"鹅和鸭为什么能浮在水面上?鸿雁和仙鹤为什么善于鸣叫?松柏为什么冬夏常青?"

"鹅和鸭浮在水面上,是因为脚是方的;鸿雁和仙鹤善于鸣叫,是因为它们的脖子长;松柏冬夏常青,是因为它们的树心坚实。"

"不对!"项橐大声说:"龟鳖能浮在水面上,难道是因为它们的脚方吗?青蛙善于鸣叫,难道是因为它们的脖子长吗?胡竹冬夏常青是因为它们的茎心坚实吗?"孔子听完赶紧拱手道:"后生可畏!你确实比我懂得多,可以做我的老师了。"

"**三人行必有我师焉**"是指别人身上肯定有值得我们学习的地方。

4 学习一定要勤奋

韦编三绝

"学而不厌"出自《论语》，意思是说学习时不能满足现状。在学习方面，孔子是非常勤奋的。其中最有代表性的故事就是"**韦编三绝**"。

老年时的孔子对《周易》很感兴趣，于是开始攻读这本书。一边看书，一边给它做附注，因为书的内容很难懂，所以会翻来覆去地读。翻看的次数太多，导致编书的绳子也断了好几次。后来，人们根据这个故事就创造出"韦编三绝"这个成语来形容读书勤奋。

看，竹简用丝线编联的叫"丝编"，用麻绳编联的叫"绳编"，用熟牛皮绳编联的叫"韦编"。当然，熟牛皮绳是最结实的！

5 "知之为知之，不知为不知"

有一次，孔子到东方游历，见到两个小孩在争论不休，便前去劝架。

一个小孩说："我认为太阳刚刚升起的时候离人近，而正午的时候离人远。"另一个小孩子则认为正好相反。孔子诚恳地问他们为什么，一个回答说："太阳刚出来时像车轮一样大，中午时就像盘子一般小了，这不是远小近大的道理吗？"另一个小孩说："太阳刚出来时凉爽，到了中午的时候就像热水一样，这不就是近热远凉的道理吗？"

虽然最后也没有定论，但在知识的海洋里，只有抱着诚实的态度才能找到自己需要的东西。孔子时刻抱着"**知之为知之，不知为不知**"这种实事求是的谨慎态度，才能了解自己的不足，然后努力填补自己的空白。

孔子

孔子的自我反省培养

❶ 勤勉好学，废寝忘食也要弄明白所学知识并乐此不疲。

❷ 能发现其他人身上的优秀之处，还能够不耻下问的去向各种人学习有用的知识。

❸ 有一颗善良的心，时刻能关注到别人的疾苦，并能从中体会到更多的意味。

❹ 时刻反省自己的行为和做人做事的准则，严于律己，宽以待人。

第五章
自我和谐

自我和谐，指的是个体在内心信念、情感、价值观和行为之间达到一致和平衡的状态。

它被认为是心理健康和幸福感的关键因素之一，有助于减少内心的冲突和压力，使个体能够更加自信和高效地生活和工作。

达到自我和谐的个体通常能够更好地处理挑战和逆境，拥有更强的适应能力和更高的生活质量。

培养儿童的自我和谐是一个渐进的过程，涉及多个方面的发展，包括**情感认知、社会交往、价值观塑造**等。例如，**可以提供一些有助于培养儿童自我和谐的策略：为孩子建立自信和安全感；鼓励儿童情感表达；培养他们的决策力和创造力**等。这些方法不仅有助于儿童建立自我和谐，还能帮助他们发展成能够自我管理、具有同理心和责任感的成人。

和谐有爱的理想主义者

卢 梭

一、卢梭其人

让·雅克·卢梭（1712—1778）法国18世纪伟大的启蒙思想家、哲学家、教育家、文学家，浪漫主义文学流派的开创者，杰出的民主政论家，法国大革命的思想先驱。主要著作有《论人类不平等的起源和基础》《社会契约论》《爱弥儿》《忏悔录》《新爱洛伊丝》《植物学通信》等。

从来没有受过专业的教育。情绪化，曾认为艺术和科学会败坏人的品德。和朋友们老是吵架。在世时，被众多国家驱赶。

这都是我。

法国大革命的"理论之父"

提到卢梭,不得不提到《社会契约论》,而提到《社会契约论》,那么就必然要提到法国大革命和启蒙运动。卢梭对法国封建社会进行了极其激烈的批判,这一点在《社会契约论》中也表现得淋漓尽致。

名称: 启蒙运动

发生时间: 17—18 世纪

作用: 有力批判了封建专制主义、宗教愚昧及特权主义,宣传了自由、民主、和平等的思想。

涉及领域: 覆盖了各个知识领域,如自然科学、哲学、伦理学、政治学、经济学、历史学、文学、教育学,等等。

代表人物: 伏尔泰、孟德斯鸠、卢梭、狄德罗等。

典型思想: 天赋人权、君主立宪、三权分立、主权在民等。

卢梭

在《社会契约论》里，卢梭提出了一种在当时看来非常新颖也大胆的观念。他认为，每个人的力量是微薄的，集合起来才能拥有更大的成就，让每个人都生活得更快乐，也更安全，而这个集合体就是国家。

政府是所有人意志的执行者。
人民是国家的主人。

君主才是国家的主人！

这部书中提出了振聋发聩的"**主权在民**"的主张，因此它的出版受到了各国政府的重重阻挠。这部书鼓舞了人民推翻旧的封建体制的勇气，也直接为不久以后问世的美国《独立宣言》、美国宪法、美国权利法案、法国《人权宣言》及法国大革命时期的三部宪法奠定了理论基础。

二、卢梭的教育故事

1 良好的家庭教育，是对孩子最好的培养

卢梭曾经在自己的小说体教育名著《爱弥儿》中提到过，培育孩子最重要的是按照他们的自然天性来培养品格，这正好是他从小接受的教育方式。

卢梭和爸爸都非常喜欢读书，他们经常吃完晚饭就开始看书，并且还会边看边朗读。

在父亲的影响以及自己的兴趣下，卢梭七岁时就将家里的书都看完了。

父亲也很鼓励他的这种爱好，还会让他外出借书回来读。这种阅读的兴趣也陪伴了卢梭一生。

阅读是非常不错的兴趣，可以帮助我了解人与人是怎么相处的，也能不出门就知道世界上各种不同的观点。

卢梭

2 不撒谎的孩子

在父亲离开后,卢梭就来到了舅舅家。不过舅舅因为工作关系,让他和自己的儿子都寄宿在了牧师朗拜尔西埃家里。牧师和他的女儿都很照顾他们。

有一天,女仆把朗拜尔西埃小姐的拢梳放在厨房的砂石板上烤。过了一会儿,等她回来拿的时候,却发现其中一把拢梳的一边梳齿断了!女仆赶紧把这件事告诉了牧师和小姐。一把梳子不值钱,但是故意弄坏东西这件事让大家很生气。那么,到底是谁弄坏的呢?

他们查问了一下,发现当时卢梭正在厨房隔壁的一间屋子里看书。于是小小的他成了最大的嫌疑者。他们认定是卢梭弄坏了梳子,他的否认也被他们当成撒谎,甚至体罚了他。

这是他第一次遇到的不公正对待,身体上的痛苦激发了卢梭对受到不公正对待的人甚至动物的同情。因为自己明白受冤枉的心情,他更能体会弱小者的处境了,在后来的作品中也体现出这种对弱者的同情和对公正的坚持。

3 比金钱更重要的是精神上的自由

卢梭在巴黎定居之后,写出的歌剧《乡村卜师》取得了很大的成功。那个时候连国王都非常喜欢他的作品。他那个时候非常穷,如果靠这些知名度挣钱就能过上衣食无忧的生活,然而在金钱和自由之间,他毫不犹豫地选择了自由。

在他看来,这种选择可以让大家看到他在创作的高山上不断攀登,直到顶峰的毅力和勇气,以及追求永恒而不是一时的满足和安逸的决心。

卢梭的自我和谐培养

1. 热爱阅读和写作,通过大量阅读了解更多有用的知识,增长见识、提升写作能力。

2. 通过了解和体验,增强共情能力,能够为更多相同处境的人去奋斗。

3. 良好的家庭教育造就善良的性格和稳定的精神内核,从而将小爱转化成大爱。

4. 强韧的意志和坚定不移的信念,树立远大的目标,为了达成目的而努力。

优雅温和的大画家

拉斐尔

一、拉斐尔其人

拉斐尔（1483—1520），本名拉斐尔·圣齐奥，简称拉斐尔，意大利画家、建筑师。与莱昂纳多·达·芬奇和米开朗基罗合称"文艺复兴三杰"。拉斐尔的绘画以"秀美"著称，画作中的人物清秀，场景祥和。他也是性格平和、文雅，和他的画作一样。

符合大众审美的艺术家

拉斐尔在绘画上非常聪明，他致力于寻找符合人们欣赏眼光的风格，在坚持自己的风格的同时，也善于学习别人的长处，譬如达·芬奇的构图技巧和米开朗基罗的人体表现力。他的作品都很亲切、平和，流露出画家温柔的内心。即使是《圣·乔治大战恶龙》这样的战争题材，都能将画面表现得圣洁、高贵。

事实上，拉斐尔不喜欢画战争题材这样痛苦的东西，他最喜欢画的就是圣母像。他一生留下了三百多幅画作，有四十多幅都是圣母像。这些圣母像用色圆润、饱满，形象端庄文雅，眼神温柔又不失青春健美。因此那个时候的欧洲，如果说一个女人像拉斐尔画中的圣母一样，那绝对是最高的赞美。

拉斐尔一定是上帝送给我们的天使。

拉斐尔还画了很多壁画，最著名的是为梵蒂冈宫绘制的《雅典学派》。

这幅巨型壁画把古希腊以来的五十多个著名的哲学家和思想家聚于一堂，包括柏拉图、亚里士多德、苏格拉底、毕达哥拉斯等，以此歌颂人类对智慧和真理的追求，赞美人类的创造力。宏大的场面，人物生动的姿态表情，画面布局的和谐在统一中又有变化的节奏，可谓把绘画创作发展到了文艺复兴时期的顶峰。

拉斐尔

二、拉斐尔的非凡成就之路

1 幸福童年造就温和的性格

拉斐尔的一生充满了温暖、爱护、肯定、自信与安全感。他的爸爸是一位画家，也是一位诗人，父母非常恩爱，他一出生就得到了来自亲人的疼爱，并以拉斐尔来给他取名。拉斐尔在意大利文中就是天使的意思。全家也一直过得很欢乐。

拉斐尔从小就表现出极高的艺术兴趣与天分，还不会说话时，就喜欢拿着画笔当玩具玩儿，见着颜料就兴奋，这些都使他的爸爸妈妈很高兴。8岁的时候，爸爸开始教他画画，10岁的时候，爸爸就教会了他所有的绘画技巧，还为他请老师提高技巧，并大力鼓励他探索自己的艺术风格。

后来，他的爸爸妈妈相继去世，他成了孤儿，而叔叔成了他的监护人。他也很支持拉斐尔继续画画，所以他对家人都非常感激。

2 谦虚使人不断进步

在十六岁的时候,拉斐尔离开了家,跟着大画家佩鲁吉诺学习画画,他教会了他很多对绘画有用的东西。就这样拉斐尔跟随老师学习了好几年。直到有一天,画室来了一群老师的画家朋友,大家七嘴八舌地赞扬拉斐尔的画。老师也很为他高兴,并且觉得自己已经没什么可教给他的了。

就这样,拉斐尔来到了艺术之都佛罗伦萨,当他在维奇欧宫的会议大厅亲眼看到达·芬奇和米开朗基罗两位大师的作品时,简直惊呆了。他发自内心地希望能够向他们学习,深入地研究他们的作品。

就这样,他一边学习他们的长处,一边创造自己的风格。通过刻苦、细心地研究他们的作品,拉斐尔也有了更多绘画方面的心得体会,他不停地创作,终于获得了属于自己的成功。

佛罗伦萨艺术报

新的偶像诞生了,这就是年轻的艺术家拉斐尔,他简直是个天才!他的作品融合了达·芬奇和米开朗基罗等同时代艺术家的特长,又散发着让人无法抵抗的魅力,吸引着大众的眼球,展现出一种只属于拉斐尔的优雅格调。

拉斐尔

3 寻找天赋，努力发挥自己的特长

优雅、温和不只是拉斐尔的性格，也贯穿在他的创作中，他的作品能让很多人感到愉悦，他自己也为此感到非常高兴，于是他越来越有名气，很快成为和达·芬奇，还有米开朗基罗一样有名的艺术家。连教皇都盛情邀请他见面。

就这样，他来到了罗马。罗马教皇有着尊贵的身份，这里汇集了很多最优秀的艺术家，都在为他服务。拉斐尔到罗马的时候，米开朗基罗已经在这里画西斯廷教堂的天顶画了。而教皇让他做的事情是，为梵蒂冈宫的墙壁画画。

他趁着这个机会，充分发挥了自己的技能，用自己最擅长的风格，在这里画了四幅壁画。这些画中就有他的代表作，那就是先贤云集的《雅典学派》。

后来，拉斐尔越来越有名，也越来越忙碌。1514 年，他接了圣彼得大教堂的总建筑师的班；几年后，又当上了罗马的文物总监，负责保护罗马的文物。这样努力的工作，让他获得了荣耀、财富和名声。但是，他的身体却垮掉了，一场高烧就夺走了拉斐尔年轻的生命。

这就是关于拉斐尔的故事，他的人生虽然短暂却无比辉煌。所以，尽情投入到自己热爱的事业中，才能更有成就。不过越忙碌，越要注意健康！

拉斐尔的自我和谐培养

1. 幸福有爱的家庭氛围和良好的家庭教育，养成了善良、温和的性格和稳定的精神内核。

2. 寻找潜能，尽力培养天赋，并开发更多的可能性，将之转化为终生事业。

3. 与人为善，用开放的心态看待不同的人和事物，永远保持乐观的心态。

4. 热爱自己的生活和事业并为之不断努力，奋发向上。

"自闭症小孩"的成材之路

爱因斯坦

一、爱因斯坦其人

阿尔伯特·爱因斯坦（1879—1955），美籍德裔犹太人，因为他对理论物理的贡献，特别是发现了"光电效应"的规律而获得1921年诺贝尔物理学奖。他是现代物理学的开创者、奠基人，相对论—"质能关系"的提出者，决定论—量子力学诠释的捍卫者。

他创立了代表现代科学的相对论，为核能开发奠定了理论基础，开创了现代科学的新纪元，被公认为是自伽利略、牛顿以来最伟大的科学家、物理学家。1999年12月26日，爱因斯坦被美国《时代周刊》评选为"世纪伟人"。

相对论与诺贝尔奖

关于相对论的发现,还有一个小故事。有一次,爱因斯坦搬来梯子要把墙上的一幅旧画换下来,他一边爬还一边在考虑自己的科学问题,想着想着一时忘了注意脚底下,猛地从梯子上摔了下来。可是他摔在地上以后,脑子里忽然灵光乍现!

人为什么会笔直地掉下来呢?看来物体总是沿着阻力最小的线路运动。

这个跟头摔得太值了!

想到这儿,爱因斯坦便马上一瘸一拐地走到桌边,提笔把这个想法记了下来。这一摔对他正在研究的问题——相对论有了很大的启发。终于,1905年爱因斯坦独立而完整地提出狭义相对性原理,开创物理学的新纪元。这一年也因此被称为"爱因斯坦奇迹年"。

 爱因斯坦

现在，人们普遍接受爱因斯坦的相对论，还有更多人使用他的理论来进行科学研究。但在爱因斯坦提出的相对论的年代，当时科学界掀起了巨大的波澜。他的支持者和反对者都一直在进行论证，1930年，德国还出版了一本批判相对论的书，书名叫作《一百位教授出面证明爱因斯坦错了》。

不过爱因斯坦做出的贡献可不仅仅是相对论，爱因斯坦在辐射理论和分子运动论两方面也做出了卓越贡献，他用光量子概念揭示了以前所有科学家都无法解释的光电效应。1922年，他因为发现了光电效应定律，而获得了1921年的诺贝尔物理学奖。只不过这个补发的奖项因为和相对论完全无关，在当时也引起了不小的争论。当然，人们并不是认为光电效应不值得获奖，而是觉得相对论不能得到诺贝尔奖是一件令人遗憾的事情。

二、爱因斯坦的成功课堂

1 从"笨瓜"到科学巨匠，需要不停地努力

爱因斯坦三岁时才会说话，喜欢一个人安静地待着。六岁时，被老师叫到名字还不会马上回答，经常引来轻蔑的笑声。但他的家人从来不以为耻，他们总想方设法发现爱因斯坦身上常人所看不到的东西，爸爸和妈妈一有空就带着他去郊游，开发他的心灵。

> 我相信儿子是最棒的。

> 我赞成，亲爱的。

他四五岁的时候，爸爸给了爱因斯坦一个罗盘，而他出人意料地对罗盘提出了二三十个问题，可以说，正是这个小小的罗盘在他心里埋下了科学的种子。

 爱因斯坦

　　十六岁的爱因斯坦就提出了:"如果我用光在真空中的速度和光一道向前跑,能不能看到空间里振动着的电磁波呢?"这种深奥的问题。家人觉得他在物理学方面有着特殊的天赋,他们也鼓励他朝着这个方向钻研。读中学时,爱因斯坦越来越偏爱数学和物理,也因此让老师们十分不满。

　　高中毕业后,爱因斯坦决定报考瑞士苏黎世大学,却因为语文不及格而落榜。于是他参加中学补习,终于在1896年考入了苏黎世综合工业大学。所以,即便是爱因斯坦,要想成功,也要不停地付出,要有一颗勤奋好学、勇于独立思考、不断探索的心!

2 即使被否定，也要勇于表现自己

在爱因斯坦上学时，有一个故事广为流传。在一次工艺课上，老师让大家制作木头凳子，同学们都拿出了做得相当不错的凳子。不过当老师看到爱因斯坦的作品时，不禁眉头一皱。于是他从课桌下面拿出前两次的作品给老师看，虽然这第三次做的还是不行，却已经比前两个强得多！老师吃惊极了，因此没有继续批评他的凳子。

这个故事的真假性有待考证，但不管做什么，只要努力做到最好，并且把成果展示出来，都是值得骄傲的。

爱因斯坦

3 要找到正确的目标和学习榜样

爱因斯坦小时候经常阅读一些自然科学类的读物，这些书给予他的世界观影响巨大，也因此他旺盛的好奇心和学校死板的教育方式之间产生了极大的矛盾，他变得不爱上学，甚至和一群完全不想学习的孩子的想法一拍即合。

爸爸感到非常担心，于是给他讲了一个自己儿时的故事。他小时候由于家里不算富裕，于是和弟弟一起去清扫烟囱赚钱。干完活之后，弟弟看见他干净的脸后，认为俩人都做一样的工作，那自己的脸应该一样干净。谁知走到大街上，弟弟的小脏脸引来围观……

听了这个故事，爱因斯坦明白了，他可以将别人的行为当作自己的参考，但是不能凡事都跟着一样，尤其在学习上不好的习惯不能跟着学。从那以后，他虽然依旧不喜欢学校里的氛围，但把所有的心思都花在了学习上。

4 想要成功，必须集中精力去做

爱因斯坦从来就不是个"全能"型的人，因此把精力全都集中在研究上，别的事情就不那么用心了，以至于他常常犯些"小错误"。比如，把朋友的来信直接当"演算纸"用，并且还不小心又夹在回信中寄了回去。他经常丢三落四，为此，他的秘书操了不少心。

有一次，他在外面散步的时候迷路了，他不仅不记得自己的家在哪儿，连电话也一起忘了。幸好遇上了一位好心的年轻人，带他去了总机室，可不凑巧的是，总机室的负责人并不认识爱因斯坦，而他又被再三告诫：不准随便帮人接电话骚扰爱因斯坦先生！年轻人再三作保，他就是爱因斯坦，这才帮他接通了家里的电话，找来了他的太太。

这些事情，在外人听来确实可笑。可是通过了解爱因斯坦的故事，证明了要想成功，就必须集中精力去做，朝着你努力的方向，不要停下来！

爱因斯坦

后来，随着爱因斯坦名气越来越大，也有年轻人写信来问他成功的秘诀。于是，他回了这样一封信：

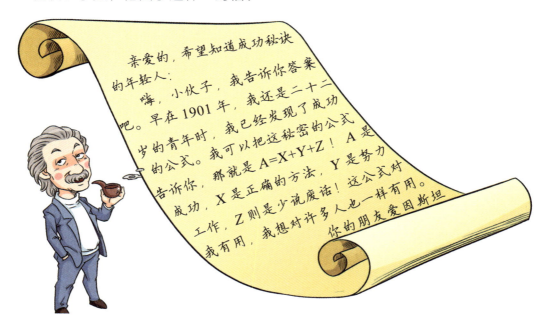

亲爱的，希望知道成功秘诀的年轻人：

嗨，小伙子，我告诉你答案吧。早在1901年，我还是二十二岁的青年时，我已经发现了成功的公式。我可以把这秘密的公式告诉你，那就是 A=X+Y+Z！A 是成功，X 是正确的方法，Y 是努力工作，Z 则是少说废话！这公式对我有用，我想对许多人也一样有用。

你的朋友爱因斯坦

爱因斯坦的自我和谐培养

❶ 从小身处稳定、安全的环境，感到被爱和支持。这有助于建立自信和安全感。

❷ 直面自己的优点和缺点，拥有自我接纳的态度，学会扬长避短。

❸ 从小尝试参与适合自己年龄的决策过程，学会做出选择并承担后果。

❹ 树立可实行的远大目标并为实现这些目标而努力奋斗。